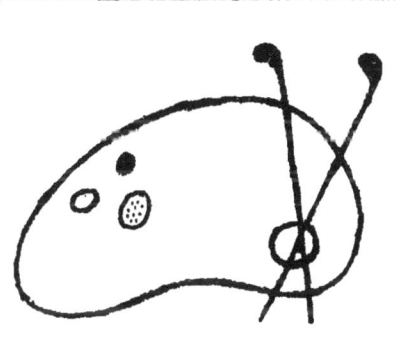

Début d'une série de documents en couleur

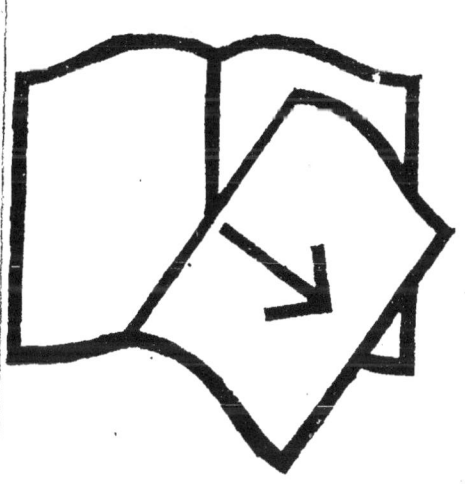

Couverture inférieure manquante

DE L'ORIGINE ET DE LA DESTINATION

DES

CAMPS ROMAINS DITS CHATELLIERS

EN GAULE

PRINCIPALEMENT DANS L'OUEST

Mémoire lu au Congrès de la Sorbonne le 15 avril 1884

PAR

Bélisaire LEDAIN

Membre de la Société française d'archéologie,
Ancien président de la Société des Antiquaires de l'Ouest,
Lauréat de l'Institut, Officier d'Académie

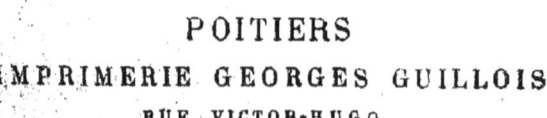

POITIERS
IMPRIMERIE GEORGES GUILLOIS
RUE VICTOR-HUGO

1885

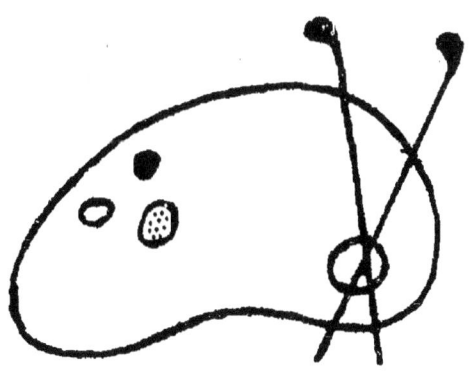

Fin d'une série de documents en couleur

DE L'ORIGINE ET DE LA DESTINATION

DES

CAMPS ROMAINS DITS CHATELLIERS

EN GAULE

PRINCIPALEMENT DANS L'OUEST

Mémoire lu au Congrès de la Sorbonne le 15 avril 1884

PAR

Bélisaire LEDAIN

Membre de la Société française d'archéologie,
Ancien président de la Société des Antiquaires de l'Ouest,
Lauréat de l'Institut, Officier d'Académie

POITIERS
IMPRIMERIE GEORGES GUILLOIS
RUE VICTOR-HUGO

1885

DE L'ORIGINE ET DE LA STRUCTURE

DES

CAMPS ROMAINS DITS RETRANCHÉS

DE LA GAULE

Dissertation présentée à la Sorbonne

Séance de la Société des Antiquaires de France, 1894

PAR

Samuel LEDAIN

Membre résidant de la Société des Antiquaires,
Ancien président de la Société de Statistique, Sciences, Lettres
et Arts des Deux-Sèvres, à Bressuire

POITIERS
IMPRIMERIE BLAIS ET ROY
RUE VICTOR-HUGO

1894

DE L'ORIGINE ET DE LA DESTINATION
DES
CAMPS ROMAINS DITS CHATELLIERS
EN GAULE
PRINCIPALEMENT DANS L'OUEST

Par M. Bélisaire LEDAIN

PREMIÈRE PARTIE

§ I. — ÉTAT DE LA QUESTION.

Il existe sur toute la surface de la Gaule une quantité presque innombrable d'enceintes militaires formées de retranchements en terre, connues sous les noms de *châtelliers*, *châtelets*, *castelliers*, *castels*, *castellets*, *châtillons*, *châtre*, *château*, *châtelard*, *castera*, *castre*, *camps de César*, ou simplement *camp*, *château sarrazin*, *motte*, *fort*, etc., etc. Ces ouvrages, observés partout par les archéologues, leur ont toujours causé beaucoup d'embarras lorsqu'il a fallu déterminer leur origine et le but de leur construction. Les uns y ont vu l'œuvre des Gaulois. D'autres, en plus grand nombre, les ont attribué aux Romains. Quelques-uns, en Normandie et en Bretagne, en ont fait l'œuvre des Saxons ou des Normands. Pour d'autres enfin, dans le midi, ces camps ont été élevés par les Vascons ou les Maures. L'enquête minutieuse et détaillée à laquelle nous nous sommes livré sur leur nombre, leurs formes, leurs dimensions et leur situation dans les provinces du nord-ouest, de l'ouest, du sud-ouest et du centre, nous a convaincu qu'il fallait les considérer comme le résultat d'un vaste et savant système d'occupation militaire, qui n'a pu être exécuté que par la puissante administration romaine.

L'étude des châteliers de Normandie avait, dès 1830, inspiré à M. de Caumont une opinion qui, pour n'être pas suffisamment précise dans les détails et les causes de la construction de ces forteresses, n'en était pas moins au fond parfaitement juste et conforme aux données historiques. Suivant lui, les camps retranchés ont été établis par l'autorité romaine, à la fin du III° siècle ou sous Constantin, pour repousser les pirates saxons et les autres barbares. Ils auraient été occupés par des garnisons fournies par les corps de troupes décrits dans la *Notice des dignités*, et plusieurs auraient été construits et défendus par les populations et même de simples particuliers. Aussi, les divise-t-il en trois classes, les enceintes militaires, communales et privées (1). Cette dernière hypothèse ne paraît pas justifiée, car il y a dans l'ensemble des camps dits châtelliers une unité qui ne permet pas de les attribuer à d'autres qu'à des ingénieurs militaires travaillant d'après un plan étudié soigneusement à l'avance.

M. de Caumont se montre moins explicite et plus hésitant dans son *Abécédaire d'archéologie*. Les camps pourraient bien appartenir à diverses époques de la domination romaine et avoir été construits sans plan bien arrêté. Leur grand nombre et leur diversité dans les formes permettraient de faire douter qu'ils aient été tous occupés par des troupes. Cependant il ne veut pas trop s'éloigner de sa première opinion et il espère que de nouvelles études éclaireront le problème (2). M. Fallue, dans son travail sur les camps des bords de la Seine, se prononce formellement pour leur origine romaine. Ils ont été élevés, dit-il, à la fin du III° et au commencement du IV° siècle par Maximien et Constance Chlore, dans le but de résister aux incursions des pirates saxons (3).

M. Bulliot, qui a étudié avec tant de soin et de perspicacité les

---

(1) *Cours d'antiquités monumentales*, par M. de Caumont, t. II, p. 338, 342.
(2) *Abécédaire d'archéologie, époque gallo-romaine*, 2° édition, p. 613, 616.
(3) *Travaux militaires des bords de la Seine*, apud *Mém. des Antiquaires de Normandie*, t. IX, p. 180 (1835).

camps si nombreux du pays Éduen, a émis au sujet de leur construction et de leurs garnisons des conclusions extrêmement judicieuses. Pour lui, le doute n'est pas permis. Tous ces ouvrages ont été créés par l'administration romaine, à la fin du III° siècle, pour résister aux barbares et réprimer les brigandages. On y a placé comme défenseurs et colons militaires au IV° siècle des Lètes Sarmates indiqués dans la *Notice des dignités* et dont le souvenir a été conservé par les noms de lieux voisins de leurs campements, tels que *Sarmaçum, Sarmatia, Sarmatiense castrum*, traduits plus tard par les noms français de *Sarmesse, Charmesse, Sarmaise, Sermoise*, etc. (1).

M. Gouget, dans une note trop courte mais très lucide, a constaté en Poitou l'existence d'une nombreuse série de châteliers, répartis à des distances de huit à douze kilomètres les uns des autres. De même que dans le pays Éduen, plusieurs de ceux du Poitou tirent leurs noms des auxiliaires barbares qui les occupaient. Dans cette dernière province, c'étaient des colonies de Teifales ou Taifales, qui avaient été cantonnées, au IV° siècle, sous le commandement d'un préfet. Aussi retrouve-t-on sur des points nombreux et souvent fort éloignés les uns des autres, portant les noms de Tiffauges, la Tiffardière, la Tiffaille, etc., le souvenir indubitable de leur séjour prolongé. La conclusion de M. Gouget, c'est que ce savant système d'occupation militaire a été conçu et exécuté par l'administration romaine (2). Il conjecturait même qu'il devait s'étendre sur la Bretagne et la Saintonge; et, en cela, il était loin de se tromper, car le réseau des camps romains couvrait la Gaule entière. Nous sommes même convaincu qu'on le retrouverait en Espagne et en Angleterre, où les mêmes causes ont dû produire les mêmes effets.

§ II. — Nombre approximatif des chateliers.

Le travail auquel nous nous sommes livré pour retrouver et décrire les camps du Poitou, de la Saintonge, de l'Angoumois, du Limousin, du Berry, de la Touraine, de l'Anjou, du Maine, de la Normandie, de la Bretagne, du Périgord, de la Guienne, du Béarn et

---

(1) *Essai sur le système défensif des Romains dans le pays Éduen*, par M. Bulliot, 1856.
(2) *Bull. de la Soc. de statistique des Deux-Sèvres*, 1" trimestre 1864.

de l'Albigeois, nous en a révélé un nombre que l'on serait loin de soupçonner. On en pourra voir l'énumération accompagnée de notices sommaires sur chacun d'eux dans la seconde partie de ce mémoire. Pour le moment, il suffira de dire qu'il s'élève au chiffre de 925 environ. Et pourtant ce nombre, on peut l'assurer, doit être encore plus grand, car nos renseignements sont incomplets pour certains départements. Des recherches minutieuses, faites dans chaque province par des archéologues connaissant parfaitement le pays, peuvent seules donner une statistique exacte des camps antiques. Si l'on ajoute à ces 925 ceux du pays Éduen, découverts par M. Bulliot (70 environ), ceux de l'Aisne (73 environ) et de l'Aube (22 environ), indiqués seulement par les noms de lieux et les quelques renseignements contenus dans les dictionnaires topographiques de MM. Matton et Boutiot, on arrivera au chiffre de 1,100 environ. Que serait-ce si l'on pouvait présenter le tableau complet de tous ceux des autres parties de la France? Mais il y a là un contingent bien suffisant pour établir, d'une manière indéniable, l'existence d'un grand fait archéologique dont il importe de rechercher les causes historiques.

Les camps de la région que nous avons plus particulièrement étudiée se répartissent de la manière suivante : Poitou, 187; Saintonge, 18; Angoumois, 47; Limousin, 33; Berry, 18; Touraine, 54; Anjou, 43; Maine, 41; Normandie, 144; Bretagne, 174; Périgord, 78; Gironde, 38; Landes et Béarn, 37; Tarn, 7; Tarn-et-Garonne, 6(1). L'existence de tous n'a pas été constatée. Il en est beaucoup, en effet, qui ont disparu sous les travaux de l'agriculture. Mais il y en a aussi plusieurs qui n'ont pas été découverts, parce qu'ils n'ont pas été recherchés avec soin. Ceux notamment situés dans des bois épais ou sur des points déserts et peu accessibles, ont souvent échappé aux investigations. Toutefois, les antiques dénominations de *châtelliers, châtelards, châtres, château, castre, castera*, etc., sont des indices certains de leur présence dans les lieux auxquelles elles s'appliquent.

Si l'on n'y rencontre pas tout au moins quelques vestiges de re-

---

(1) Tous ces chiffres, on le comprend, seront certainement modifiés par des recherches ultérieures. Nous ne pouvons donner que les résultats acquis jusqu'à ce jour.

tranchements, il faut bien se garder d'en conclure qu'ils n'ont jamais existé. Trop de camps sont encore debout, en tout ou en partie, dans des lieux ainsi désignés pour qu'on n'en doive pas déduire nécessairement la théorie contraire. Ainsi, toutes les fois que l'on rencontrera, soit sur les cartes et plans cadastraux, soit dans les anciens titres, un lieu portant les noms de *châtelier* ou de ses dérivés, on peut affirmer hardiment, sans vérification faite sur place, qu'il y a ou qu'il y a eu là une enceinte romaine quelconque. L'expérience nous a souvent démontré la vérité absolue du principe que nous posons, et l'on peut vraiment dire des châteliers non pas seulement *ab uno disce omnes*, mais *a multis disce omnes*.

§ III. — Dénominations diverses des camps.

De tous les noms de lieux désignant l'emplacement d'un camp romain, celui de *châtellier* est incontestablement le plus répandu. On le trouve dans toutes les provinces, excepté dans le Midi, où celui de *castera* est le plus usité. En Normandie, on dit surtout *catellier*. En Limousin, Périgord, Angoumois et Saintonge, les mots *châtelard* et *châtre* sont souvent employés. Les noms de *châtelets*, *château*, *châtillons* existent un peu partout. Tous dérivent évidemment des mots *castra* et *castella*.

Beaucoup d'enceintes portent simplement le nom de *camp* avec ou sans qualificatif. Un certain nombre s'appellent *camps de César*. On en trouve notamment dans les communes de Liglet (Vienne), Avrillé (Vendée), Saint-Léger, canton de Magnac (Haute-Vienne), Masseret, près Uzerche (Corrèze), Saint-Denis-les-Murs, près Saint-Léonard (Haute-Vienne), Lourdoueix-Saint-Pierre (Creuse), Luant et Avor (Cher), Lignac (Indre), Moulins-sur-Yèvre (Cher), Escures (Calvados), Limes, près Dieppe (Seine-Inférieure), Fécamp et Sandouville (Seine-Inférieure), Le Plessis-Sainte-Opportune (Eure), Vernon (Eure), Kermario (Morbihan), Brantôme, Coulounieix et Naillac (Dordogne), Saint-Pierre-de-Hinx (Basses-Pyrénées), Mont-Afrique, près Auxonne (Saône-et-Loire), Epagny (Aisne), etc... Est-ce à dire que le conquérant des Gaules soit l'auteur de ces camps? Évidemment, non. Il n'est même jamais venu dans beaucoup de contrées où l'on en rencontre. Mais sous ce nom fameux de César, les populations ont voulu désigner un empereur quelconque, ou plutôt la puissance romaine dont il fut toujours le symbole redouté. De cette désignation traditionnelle, donnée à un camp ou à tout autre monument, il ne faut donc retenir qu'une chose, son origine romaine à peu près certaine.

Plusieurs enceintes portent le nom assez extraordinaire en apparence de *château sarrazin*. Ainsi il existe deux châteaux sarrazins à Saint-Sauveur de Givre en Mai et à Rom (Deux-Sèvres), un *fossé des sarrazins* près Olonne (Vendée), un *mont sarrazin* près Crosan (Indre), un camp des *fossés sarrazins* à Notre-Dame-de-Pouligny (Indre), et un autre désigné de la même manière à Oizon (Cher), des *murs sarrazins* à Chantoceaux (Maine-et-Loire), un autre *château sarrazin* à Amfreville-sous-les-Monts (Eure), un *castel sarrazin* à Gandumas (Dordogne). On commettrait une étrange méprise, si l'on attribuait ces ouvrages aux envahisseurs arabes du viiie siècle. Il est démontré aujourd'hui, qu'au moyen âge on employait vulgairement l'expression de *sarrazin* pour désigner une construction romaine. Nous l'avons constaté notamment à Poitiers, où d'anciens titres donnent aux murs romains de la ville et à l'amphithéâtre les noms de *murs des sarrazins* et de *château des sarrazins*. D'ailleurs, les caractères des camps que nous étudions suffiraient seuls à déterminer leur véritable origine.

Un grand nombre de camps portent des noms dont la signification est absolument nulle. Ils n'en sont pas moins romains et semblables en tous points à ceux dits *châtelliers*, *châtelards*, *châtres*, *castera*, etc. Quelques-uns se trouvent sur l'emplacement ou dans le voisinage de localités dont les désignations rappellent les colonies barbares qui en ont constitué les garnisons. Ainsi, dans le pays Éduen, nous l'avons dit plus haut, les Lètes Sarmates ont transmis leurs noms aux lieux dits *Salmaize*, *Sarmaise*, *Charmesse*, *Sermessé*, *Sarmoissy*, *Charmasse*, *Sermage*, etc. En Poitou, ce sont les Taifales qui ont colonisé *Tiffauges*, la *Tiffardière*, la *Tiffaille*, la *Tiffannelière*, la *Taifferie*. En Périgord, on trouve le *campus asturiorum*. En Bretagne, la légion romaine a laissé son nom à Saint-Pol-de-Léon, *castellum Leonense*. Cette ville, on le voit, a pris naissance dans un camp, et beaucoup d'autres, c'est un fait acquis, n'ont pas d'autre origine. Citons seulement dans les régions qui nous occupent : la Châtre, la Chartres-sur-le-Loir, Castres et Castel-Sarrazin. De simples bourgades se sont ainsi formées, et même des châteaux féodaux, dont les donjons se sont dressés sur le prætorium des camps. On en trouvera l'indication dans la seconde partie de ce mémoire.

§ IV. — Formes des camps.

La forme, les dimensions et la situation des camps fournissent assurément les meilleurs arguments pour démontrer leur caractère romain. S'il n'y avait que leurs dénominations de *châtelliers, câtres, châtelets, castera*, etc., qu'il est pourtant impossible de négliger, on pourrait peut-être élever quelques contestations ; mais tous ceux qui subsistent, quels que soient leurs noms, présentent indistinctement partout des signes archéologiques tellement apparents et conformes à ce que l'on sait sur les camps romains, qu'il est impossible de ne pas les reconnaître pour ce qu'ils sont.

La grande variété de formes affectées par les châteliers et leurs congénères a produit des hésitations et des doutes sur leur véritable origine dans l'esprit de certains archéologues. D'après eux, tout camp qui n'est pas carré, ainsi que le prescrit la règle classique établie par Polybe, n'est pas romain. Mais on ne peut pas oublier que cette règle primitive s'est modifiée avec le temps, suivant les changements de l'art militaire et les nécessités supérieures du terrain et de l'assiette des camps. Dès l'époque de Trajan, d'après Hygin, ils étaient rectangulaires, et bientôt ils ne tardèrent pas à devenir très irréguliers, afin de se conformer aux nécessités imposées par la configuration du sol, *castra necessaria*. Tout cela est parfaitement certain et reconnu (1).

Les châtelliers, objet de cette étude, affectent les formes les plus diverses. Les uns sont carrés, d'autres rectangulaires, d'autres ronds, oblongs ou demi-circulaires, d'autres polygonaux, quelques-uns triangulaires. Il ne faut pas s'en étonner ni en conclure qu'ils ont des origines différentes. Le texte de Végèce est là pour justifier cette diversité. « Quibus cautè studiosèque provisis, pro necessitate loci,

---

(1) *Dict. des antiquités grecques et romaines*, par Daremberg et Saglio, art. *castra* et *castella*. — *Dict. des antiquités grecques et romaines*, par Antony Rich.

vel quadrata, vel rotunda, vel trigona, vel oblonga castra constituęs. Nec utilitati præjudicat forma. Tamen pulchriora creduntur quibus ultra latitudinis spatium, tertia pars longitudinis additur (1). »

Ainsi donc le plan des camps romains pouvait varier suivant les nécessités ; et la forme rectangulaire, malgré sa supériorité, pouvait être sacrifiée à l'utilité de la défense. C'est Végèce qui l'assure. Or, il écrivait au IV° siècle. Il en résulte que, si ses règles de castramétation s'appliquent exactement à nos châtelliers, ce qu'un examen approfondi ne tardera pas à constater, nous aurons prouvé, même en négligeant un instant les raisons historiques, que ces monuments datent nécessairement de la même époque.

S'il est vrai que les châtelliers et leurs congénères affectent toutes les formes, il faut reconnaître qu'un très grand nombre, la moitié au moins, sont carrés et surtout rectangulaires. Les ingénieurs qui les ont tracé se sont donc conformés, toutes les fois que le terrain le leur a permis, à la prescription classique. C'est là un fait important à retenir. Car si l'origine romaine ne peut être déniée à tel ou tel châtellier carré ou rectangulaire, nous ne voyons pas pour quel motif on la refuserait à tel ou tel autre portant le même nom et placé dans les mêmes conditions, mais auquel la configuration du terrain a empêché d'appliquer le même plan. Il n'y a là qu'une contradiction apparente qui trouve son explication dans le texte de Végèce et dans la nature même des choses.

§ V. — Dimensions des camps carrés et rectangulaires.

Les dimensions des camps ne sont pas moins importantes à étudier que leurs formes. Tous ceux que nous avons relevés, à l'exception d'un petit nombre, ont une étendue assez restreinte. Plusieurs sont même exigus. Nous en dirons plus loin le motif. Mais il faut signaler avant tout les camps les plus remarquables, ceux qui sont carrés et rectangulaires, et constater en même temps leurs dimensions. On trouvera dans la seconde partie des détails plus circonstanciés sur chacun d'eux.

Camp *du Châtelet* (Chairoux, département de la Vienne), rectangulaire de 175 mètres de longueur.

---

(1) Végèce, liv. III, ch. VIII.

Les *Châtelliers* (Nouaillé, Vienne), enceinte carrée de 110 mètres de côté.

Les *Châtelliers* (forêt de Saint-Sauvant, Vienne), rectangulaire de 100 mètres sur 200.

La *Châtre* (Joussé, Vienne), rectangulaire de 130 mètres sur 56.

La *Châtre* (Usson, Vienne), rectangulaire de 148 mètres sur 83.

La *Châtre-au-Talent* (Genouillé, Vienne), rectangulaire de 130 mètres sur 75.

Camp du *Champ-de-Guerre* (Jazeneuil, Vienne), rectangulaire de 200 mètres sur 150.

Camp de *Carthage* (Mignaloux, Vienne), rectangulaire.

Camp de la *Bergerie* (Saint-Martin-Lars, Vienne), rectangulaire de 58 mètres sur 30, précédé d'un carré juxtaposé de 58 mètres de côté.

Camp de la *Gannerie* ou *les Redoutes* (Mauprevoir, Vienne), rectangulaire de 135 mètres sur 80.

Camp de *Villasson* (Asnois, Vienne), rectangulaire de 100 mètres sur 35.

La *Touchette* (Saint-Romain, Vienne), carré de 20 mètres de côté.

Camp du *Saudours* ou *des Anglais* (Charroux, Vienne), rectangulaire de 138 mètres sur 97.

Camp du *Grand-Autel* (Idem), rectangulaire de 70 mètres sur 55.

Camp de la *Plaine* (Usson, Vienne), rectangulaire de 148 mètres sur 83.

Camp de *Tassay-Servant* (Chaunay, Vienne), rectangulaire de 130 mètres sur 120.

Le *Châtellier* (Saint-Marsault, Deux-Sèvres), enceinte carrée.

Château-Sarrazin (Saint-Sauveur, Deux-Sèvres), 100 mètres de longueur.

Camp des *Forts* (Saint-Martin-du-Fouilloux, Deux-Sèvres), rectangulaire de 150 mètres sur 92.

Camp des *Houlleries* ou *des Anglais* (Saint-Aubin-de-Baubigné, Deux-Sèvres), rectangulaire.

Le *Fort-Anglais* (Saint-Projet, Deux-Sèvres), rectangulaire.

Le *Châtellier-Portaut* (Mouilleron, Vendée), rectangulaire.

Camp de la *Chardière* (Chavagnes-en-Paillers, Vendée), carré de 75 mètres de côté.

Camp du *Terrier-de-Toulon*, près Saujon (Charente-Inférieure), carré de 800 pas de circonférence.

Camp de *Pibot*, près Crazannes (Charente-Inférieure), carré peu étendu.

Camp des *Robadeaux* (Montrollet, Charente), rectangulaire de 120 mètres sur 94.

Camp d'*Anglard* ou des *Chastres* (Brigueil, Charente), rectangulaire de 150 mètres sur 95.

Camp de la *Giraldie*, près du Lindois (Charente), rectangulaire de 120 mètres sur 90.

Camp de *Chez-Godard*, près Chassiecq (Charente), rectangulaire de 134 mètres sur 95.

Camp de *Chez-Fouquet*, près le *Chatelard* et Chasseneuil (Charente), carré de 100 mètres de côté.

Camp des *Peines*, près du précédent, rectangulaire de 110 mètres sur 90.

Camp de *Sainte-Sévère* (Charente), rectangulaire de 100 mètres sur 90, et renfermé dans une enceinte plus vaste, polygonale.

Camps de *Salles* (Charente), rectangulaires, l'un de 120 mètres sur 43, l'autre de 87 sur 44, l'autre carré de 70 mètres de côté.

Camp du *Chatelas*, près Cromac (Haute-Vienne), carré.

Camp de *Millou*, près Lignac (Haute-Vienne), rectangulaire variant de 136 mètres sur 86 à 122 mètres sur 118.

Camp de *César* (Saint-Léger, Haute-Vienne), carré de 70 mètres de côté.

Camp de *Martineix* ou de *César* (Arnac, Haute-Vienne), carré assez peu régulier, variant de 130 mètres sur 124 à 136 sur 125.

Camp de *Malouze*, près la Souterraine (Haute-Vienne), carré de 54 mètres sur 45.

Camp de *Parnac* (Indre), rectangulaire de 174 mètres sur 136.

Camp de *Lignaud* ou de *César* (Lourdoueix, Creuse), rectangulaire de 109 mètres sur 80.

Camp des *Fossés-Sarrazin* (Notre-Dame-de-Pouligny, Indre), rectangulaire de 175 mètres sur 140.

Camp de *Bagneux* (Saint-Saturnin, Cher), carré de 110 mètres de côté.

Camp *de Boiroux* (Ineuil, Cher), rectangulaire de 120 mètres sur 80 et 50.

Château *des Dureaux* (Preuilly, Cher), rectangulaire de 170 mètres sur 135.

Le *Dureau de Villeneuve* (Cher), carré de 25 mètres de côté.

Camp *de Villeville* (Mornay, Cher), carré de 90 mètres de côté.

Camp *de Turpenay*, près le *Châtelier*, dans la forêt de Chinon (Indre-et-Loire), carré de 60 mètres de côté.

Les *Châteaux* (le Louroux-Beconnais, Maine-et-Loire), carré d'un hectare et demi.

Camp *de la Boutrie*, à la *Romagne* (Maine-et-Loire), rectangulaire de 135 mètres sur 120.

Camp *de la Bauge du château* (Chollet, Maine-et-Loire), carré de 90 mètres de côté.

Camp *de la Bruyère-d'Ouezy* (Calvados), rectangulaire de 329 pieds sur 215 et 160, soit 110 mètres sur 71 et 53.

Camp *du Plessis-Grimault* (Calvados), rectangulaire de 82 mètres sur 65.

Camp *de Benouville* (Calvados), rectangulaire de 139 mètres sur 83.

Le *Catellier* de Quevrue (Calvados), rectangulaire de 147 mètres sur 114.

Camp *de Hottot* (Calvados), rectangulaire de 200 mètres sur 130.

Camp *de Moult*, ou la Hogue, près Caen (Calvados), carré.

Camp *de Francheville*, près Argentan (Orne), carré de 40 mètres de côté.

Camp *du Vieux-Louvetot* (Seine-Inférieure), carré d'un hectare.

Camp *du Vieux-Château* (Valmont, Seine-Inférieure), carré.

Camp *de la Bouteillerie* (Varneville, Seine-Inférieure), d'un hectare et demi.

Camp *de César*, au Plessis-Sainte-Opportune (Eure), carré.

Le *Camp* (Naizin, Morbihan), carré de 60 mètres de côté.

Camp *de la lande du camp* (Saint-Guyomard, Morbihan), carré de 50 mètres de côté.

Camp *de Castel-Floch*, ou fort du Bois-Gobel (Morbihan), carré de 104 mètres de côté.

Camp *de la lande des Quatre-Vents* (Neulliac, Morbihan), carré de 72 mètres sur 60.

Camp *de Kerbellec* (Locmalo, Morbihan), rectangulaire de 60 mètres sur 50.

Camp *de la lande de Lochrist* (Ploerdut, Morbihan), carré de 70 mètres de côté.

Camp dit *romain*, à la Chauvaille (Peillac, Morbihan), rectangulaire de 200 mètres sur 70.

Camp *de Lez-Castel* (Elven, Morbihan), carré de 100 mètres de côté.

Camp *du château d'Erech* (Questemberg, Morbihan), carré de 36 mètres sur 34.

Camp *de César*, à Kermario (Morbihan), rectangulaire de 75 mètres sur 65.

Camp *de la Hue-au-Gal* (commune de Haut-Corlay, Côtes-du-nord), carrés de 100 mètres de côté.

Camp *de Belair* (commune de Plémy, Côtes-du-Nord), rectangulaire de 120 mètres sur 80.

Le *Châtellier*, près Erbray (Loire-Inférieure), camp rectangulaire de 120 mètres sur 100.

Camp *du château de Bé* (Nozay, Loire-Inférieure), carré de 40 mètres de côté.

Camp *de Chastel* (Bouvron, Loire-Inférieure), rectangulaire de 50 mètres sur 40.

Camp *de César*, à la Bessède (Saint-Pardoux, Dordogne), carré de 150 mètres de côté.

Camp *de César* (Sainte-Eulalie-d'Ans, Dordogne), rectangulaire de 100 mètres sur 40.

Camp *de la Tusque* (Sainte-Eulalie-d'Ambarès, Gironde), rectangulaire de 150 mètres sur 90.

Château *de Puynormand* (Gironde), rectangulaire de 90 mètres sur 55.

Château *du Retoret*, à Sallebœuf (Gironde), rectangulaire de 32 mètres sur 28.

Le *Castera* ou Motte-à-Paillet (Paillet, Gironde), rectangulaire.

Château *de Jabastas* (Izon, Gironde), rectangulaire de 70 mètres sur 60.

Camp *de Ballet* (Ballebat, Gironde), rectangulaire de 300 mètres sur 160.

Les *Casterasses* (Cabanac, Gironde), camp carré.

La *Motte-Saint-Albe* (Ornon, Gironde), carré de 50 mètres de côté.

Camp *de l'Houstau-Neu* (Targon, Gironde), rectangulaire de 300 mètres sur 260.

Camp *de Pomarez*, près Castelnau (Landes), rectangulaire de 168 mètres sur 100.

Camp *du Pé-de-Pourquet*, près Arthous (Landes), rectangulaire de 296 mètres sur 138.

Camp *de Moneigt*, près Habas (Landes), carré d'un hectare.

Camp *de Gamarde* sur le Louts (Landes), de 320 mètres sur 164.

Camp *de Gandalou*, près Castel-Sarrazin (Tarn-et-Garonne), rectangulaire de 300 mètres sur 186.

Camp *de Saint-Porquier* (Tarn-et-Garonne), de 80 mètres sur 67.

Camp *du Châtelet* ou Château-Beau (Saône-et-Loire), de 134 mètres sur 100.

Camp *de Suin-en-Charollais* (Saône-et-Loire), rectangulaire de 70 mètres sur 35.

Tour *du bois de Mouilles* (Saint-Nizier-sur-Arroux, Saône-et-Loire), rectangulaire de 30 mètres sur 20.

Camp *de Bous*, près Moulins-Engilbert (Nièvre), rectangulaire de 105 mètres sur 70.

Camp *de Montécho* (Saône-et-Loire), rectangulaire de 100 mètres sur 90.

Nous pourrions multiplier les exemples, mais cette énumération est largement suffisante, et nous renvoyons pour les détails à la seconde partie. Les dimensions des camps rectangulaires et carrés sont maintenant bien constatées. Partout, sur tous les points des provinces sans distinction, les plus éloignées comme les plus rapprochées les unes des autres, ces dimensions sont invariablement les mêmes. La longueur des camps rectangulaires dépasse rarement 200 mètres et se maintient en général à 150 ou 120 environ. Celle des camps carrés dépasse rarement 100 mètres et descend même jusqu'à 30 mètres seulement. On remarquera, en outre, que dans les premiers la longueur dépasse toujours la largeur d'un tiers environ.

C'est l'application de la règle posée par Végèce : « Tamen pulchriora creduntur quibus ultra latitudinis spatium, tertia pars longitudinis additur. »

§ VI. — CAMPS CIRCULAIRES, POLYGONAUX ET OVALES.

Passons maintenant aux camps circulaires, demi-circulaires, ovales, polygonaux, triangulaires dont il importe d'établir les dimensions. Ils sont presque aussi nombreux que ceux de la première classe, et la raison de leurs formes irrégulières se trouve, nous l'avons dit, dans la configuration du sol. Nous allons en signaler un certain nombre, choisis dans toutes les provinces.

Camp *de Châtillon* (Couhé, Vienne), enceinte oblongue de 400 mètres sur 100.

Les *Mottes-de-Germon* (Deux-Sèvres), enceinte irrégulière.

Enceinte *de Saint-Luc*, forêt de Vouvent (Vendée), oblongue de 135 mètres sur 120.

Camp *de l'Anglier*, sur la Boulogne (Vendée), triangulaire.

Camp *du Châtelier* de Saint-Séverin (Charente-Inférieure), promontoire fermé par un agger de 400 mètres de longueur.

Camp *du Château* (Meursac, Charente-Inférieure), enceinte elliptique de 220 mètres de développement, précédée d'une autre en forme de demi-lune.

Camp *des Mottes*, près du Lindois (Charente), circulaire de 55 mètres de diamètre.

Camp *d'Orfeuil*, près Ranville (Charente), circulaire de 33 ares de superficie.

Camp *de Veuil*, près Angoulême (Charente), triangulaire de 64 mètres sur 33.

Camp *de Boiroux* (Ineuil, Cher), en forme de trapèze de 120 mètres sur deux côtés, 80 sur un autre et 50 sur le quatrième côté.

Camp *des Monts* ou *de César*, à Maubranches (Cher), promontoire fermé par un fossé de 270 mètres de longueur.

Camp *de Sidiailles*, sur l'Arnon (Cher), plateau irrégulier fermé à la gorge par un retranchement de 200 mètres de longueur, et couvrant 16 hectares de superficie.

Camp *de Châtre*, près Betz (Indre-et-Loire), promontoire de 25 hectares fermé par un rempart de 1,200 mètres de longueur.

Camp *de Cinais* ou *des Romains*, près Chinon (Indre-et-Loire), promontoire allongé et irrégulier de 900 mètres sur 300, couvrant 25 hectares.

Camp *des Châtelliers-de-Frémur* (Maine-et-Loire), enceinte semi-circulaire mesurant 800 mètres sur 600, occupant la colline dite des *Châtelliers*.

Le *Châtelier* (Chanvaux, Maine-et-Loire), de forme ovale.

Camp *de Chénéhutte-les-Tuffeaux* (Maine-et-Loire), situé au lieu dit *Châtelier*, de forme ovale de 950 mètres de circonférence, sur un promontoire fermé par un rempart de 250 mètres de longueur.

Les *Châteaux* ou *Hauts-Châteaux* (Thorigné, Mayenne), enceinte oblongue de 450 mètres sur 150.

Camp *d'Escures*, près Port-en-Bessin (Calvados), demi-circulaire de 810 pieds sur 360 et 240.

Camp *des Trois-Monts* sur l'Orne (Calvados), triangulaire de 450 pieds sur 420.

Camp *de Castillon*, près Balleroy (Calvados), promontoire triangulaire de 1,200 pieds sur 620.

Le *Grand-Catellier* de Saint-Désir, près Lisieux (Calvados), ovale irrégulier de 5,400 pieds sur 3,600, sur un promontoire fermé à la gorge par un retranchement.

Camp *du Châtelier*, à Blanche-Lande (Orne), demi-circulaire de 1,110 pieds sur 680.

Camp *de Bier* (Merry, près Argentan, Orne), triangle irrégulier de 1,350 pieds sur 990 et 372.

Camp *de la cité de Limes* ou *de César*, près Dieppe (Seine-Inférieure), de forme triangulaire et occupant 55 hectares.

Camp *de César*, à Sandouville, près du Havre (Seine-Inférieure), grand promontoire de 145 hectares, fermé à l'est par de très hauts remparts.

Château *de Thuringe*, à Blosseville-Bonsecours, près Rouen, enceinte triangulaire.

Camp *du Catelier*, à Boudeville (Saint-Nicolas-de-la-Taille, Seine-Inférieure), demi-circulaire et contenant 150 hectares.

Le *Catelier* ou la ville *des Cateliers* (Varengeville, Seine-Inférieure), enceinte irrégulière, non moins vaste sur les coteaux de la Seine.

Camp *de Péran* (Côtes-du-Nord), formé de deux enceintes concentriques, ovoïdes, dont celle de l'intérieur mesure 390 mètres de développement.

Camp *de Durestal* (Henansal, Côtes-du-Nord), enceinte en ellipse, coupée par la rivière de Frémur.

Camp près la Chapelle-Sainte-Anne (Plouay, Morbihan), circulaire de 150 mètres de circonférence.

Camps elliptiques et circulaires dans la commune de Pluvigner (Morbihan).

Camp *de Kervéno* (Cléguérec, Morbihan), circulaire de 60 à 66 mètres de diamètre.

Camp *de Zincec* (Berné, Morbihan), circulaire de 320 mètres de circonférence.

Camp *de Lann-Poupéric* (Plouray, Morbihan), elliptique de 100 mètres sur 60.

Camp *de Morzor* (Langoëlan, Morbihan), circulaire de 50 mètres de diamètre.

Camp *de Quénépazan* (Ploerdut, Morbihan), elliptique de 100 mètres sur 85.

Camp *de la Bodinais* (Lanouée, Morbihan), circulaire de 107 mètres de diamètre.

Camp *du Bois-Solon*, près Malestroit (Morbihan), circulaire de 100 mètres de diamètre.

Camp *de Ménéac* (Morbihan), circulaire, avec double enceinte de 230 mètres de diamètre.

Camp *des Rouets* (Bodieuc, commune de Mohon, Morbihan), elliptique, voisine d'une autre enceinte pentagonale.

Camp *de Cosquer* (Ambon, Morbihan), circulaire de 45 mètres de diamètre.

Camp *des Douves*, près Coet-Logon (Morbihan), ovale d'un demi-hectare.

Camp circulaire *du Château-de-la-Cave* (commune de Trédantel, Côtes-du-Nord), de 120 mètres de circonférence.

Camp *des Grands-Fossés*, à Conquereuil (Loire-Inférieure), en forme de trapèze, dont le petit côté mesure 2,200 mètres.

Camp *de la Massaie*, près Blain (Loire-Inférieure), circulaire de plusieurs centaines de mètres de circonférence.

Camp *de César*, sur le coteau de la Boissière, près Périgueux (Dordogne), promontoire irrégulier défendu par des ravins et des retranchements.

Camp *de Castel-Sarrazi*, à Gandumas (Dordogne), enceinte irrégulière sur un escarpement comprenant trois à quatre hectares.

Château *de Mandins*, à Sallebeuf (Gironde), circulaire de 25 mètres de diamètre.

Le *Château*, à Sallebeuf (Gironde), circulaire.

Le *Poujau-de-la-Chapelle* (Saint-Médard-en-Jalles, Gironde), enceinte irrégulière composée de plusieurs autres, ovale et demi-circulaire, sur un isthme de 140 mètres.

Camp *de Ballet*, à Bellebat (arrondissement de la Réole), enceinte barlongue de 300 mètres sur 160.

Le *Vieux-Château* (Sauviac, Gironde), enceinte elliptique.

Camp *de Saint-Girons* (Landes), ovale.

Camp *de Mirepeich*, près Dax (Landes), semi-circulaire.

Camp dit *Lous-Bire-Castets*, à Saint-Pierre-de-Hinx, dit jadis *Camp de César* (Landes), ovale de 90 mètres de longueur.

La *Gouarde-d'Amou*, sur le Luy-de-Béarn, camp ovale.

Camp *de Puyoo* (Landes), ovale d'un hectare environ.

Camp *de Castra*, près Aire (Landes), oblong de 80 mètres sur 10.

Camp *de la Tucolle-de-Mireloup* (Landes), elliptique de 50 mètres sur 40.

Camp dit *Tuc de las Mottes*, à Beylongue, près les Gouardes (Landes), plateau ovale entouré de retranchements.

Camp *de Castres*, sur le plateau de Saint-Jean, dominant la ville (Tarn). C'est une enceinte polygonale irrégulière de 182 mètres sur 30, en moyenne, occupant trois hectares.

La plupart de ces ouvrages irréguliers dans leurs formes ont, comme on a pu s'en convaincre par l'examen précédent, des dimensions parfaitement en rapport avec celles des camps rectangulaires et carrés. Si l'étendue de plusieurs d'entre eux dépasse la moyenne ordinaire et atteint une grandeur exceptionnelle, cela tient uniquement à l'irrégularité du terrain, des escarpements et promontoires sur lesquels ils sont assis et qui ont rendu nécessaire l'extension des lignes de défense. Mais, nonobstant cette différence, les relations intimes qui existent entre eux par leurs situations respectives et leurs dénominations communes démontrent que tous rentrent dans la même combinaison qui a présidé à leur création.

§ VII. — Retranchements et mottes des camps.

Beaucoup de camps, soit rectangulaires, soit irréguliers, sont partagés en deux parties inégales par un retranchement et un fossé dans lequel est pratiquée une porte. Il est inutile de les désigner ici. On en trouvera la description dans la nomenclature de notre seconde partie. Cette particularité serait-elle de nature à les faire considérer comme des camps doubles qui, d'après Polybe, étaient établis côte à côte par deux corps d'armées (1) ? L'étendue de nos châtelliers est trop restreinte pour qu'on s'arrête à une semblable hypothèse. Ils ne pouvaient avoir pour défenseurs que de faibles détachements et non pas des armées. Tout au plus pourrait-on supposer que le retranchement intérieur avait pour but de séparer l'infanterie de la cavalerie. Mais il est plus naturel d'admettre qu'il était établi en vue de renforcer le camp en formant une seconde enceinte susceptible de prolonger la résistance en cas d'échec dans la première enceinte. La hauteur des retranchements élevés, comme chacun sait, au moyen des terres prises en creusant les fossés, est assez variable. Elle atteint très souvent jusqu'à 8 et 10 mètres. Il en est de même des fossés dont la largeur est de 4, 6, 10 et quelquefois 15 mètres. Le nombre des portes est de quatre dans certains camps, de trois dans la plupart et de deux dans beaucoup d'autres.

Une particularité notable qui se rencontre dans nos châtelliers, principalement ceux du Midi, réclame un examen spécial. Un certain nombre d'entre eux, quelles que soient leurs formes, sont munis d'une ou de deux mottes plus ou moins grosses et plus ou moins hautes, situées soit au milieu de l'enceinte, soit sur les flancs des remparts à l'intérieur et même quelquefois à l'extérieur. Ces mottes sont entourées de fossés qui en font pour ainsi dire de petits forts isolés et indépendants. De là les noms fréquents de *la Motte* ou *les Mottes* donnés à plusieurs de nos camps. Nous les avons mentionnées et décrites avec soin dans notre nomenclature générale.

Quel était le but de ces mottes ? quel rôle jouaient-elles dans la

---

(1) *Dict. des antiquités*, par Daremberg et Saglio, art. *castra*.

défense? Des archéologues les considèrent comme le *prætorium* des camps, c'est-à-dire le lieu où se dressait la tente du chef. Cela est certainement vrai dans beaucoup de cas. Ainsi dans l'un des camps de *Salles*, celui du *Terrier-du-Cot* (Charente), on remarque une portion du sol qui forme une élévation de 2 à 3 mètres, au centre de laquelle s'élève une motte circulaire soutenue par un mur. De même, au camp de Parnac (Indre), il y a au milieu une élévation carrée de 50 centimètres. Mais il existe beaucoup de camps où l'on rencontre deux mottes, ce qui ne permet plus en aucune manière de leur assigner le rôle de *prætorium*. En outre, leur grosseur et leur hauteur sont souvent telles qu'elles auraient été tout à fait impropres à cette destination. Aux *Châtelliers-Châteaumur* (Vendée), les deux mottes ont l'une 10 et l'autre 16 mètres de hauteur. La motte du camp du *Chatelas* (Haute-Vienne) a 3 mètres. Les deux mottes du camp des *Dureaux* (Cher) ont 10 à 12 mètres. Celle du *Vieux-Louvetot* (Seine-Inférieure) a plus de 15 mètres. Celle du camp de *Durestal* (Côtes-du-Nord) a 16 mètres. La motte de *Castel-Sarrazi* (Dordogne) a 16 mètres de diamètre. Celle de la *Tusque* (Gironde), 27 mètres de diamètre. Celle du *Poujau-de-la-Chapelle* (Gironde) mesure 37 mètres sur 27. Celle de la *Motte-de-Buch* (Gironde) a 10 mètres de hauteur. Le camp de *Saint-Porquier* (Tarn-et-Garonne) a une motte de 5 mètres de hauteur. Nous pourrions en citer beaucoup d'autres. Mais en voilà assez pour montrer que ce n'était pas là en général le *prætorium* antique, qui avait beaucoup moins d'élévation.

Les mottes doivent avoir été imaginées pour créer un réduit, une sorte de donjon, un dernier centre de résistance, destiné à servir de suprême refuge aux défenseurs des camps. Lorsqu'elles se trouvent sur les flancs du rempart, aux angles ou à l'extérieur, elles remplissent le rôle de véritables tours. C'était probablement sur la motte centrale que se tenait le chef, et on pourrait alors avec quelque vérité lui donner encore le nom de *prætorium*. Mais c'est un mot déjà détourné de son sens primitif. Les mottes des camps ne sont plus autre chose que des donjons, des vigies servant sans doute à transmettre des signaux. Les donjons féodaux procèdent en ligne directe des mottes ou *prætorium* des camps romains, et les seigneurs du moyen âge en ont parfois construit sur leur sommet [1].

(1) *Cours d'antiquités monumentales*, par M. de Caumont, t. II, p. 333.

§ VIII. — Mottes isolées.

Il y a parmi nos châtelliers une dernière catégorie de camps qui ne mériteraient point ce nom, s'ils n'appartenaient pas d'une manière intime et évidente, tant par leurs désignations anciennes et communes que par leurs positions et les débris qu'on y trouve, au même système général qui les a tous créés. Ce sont des mottes entourées de larges fossés, mais non accompagnées d'enceintes. La description sommaire de quelques-unes d'entre elles pourra fournir des éléments utiles à leur appréciation. Voici donc celles qui nous paraissent les plus remarquables :

La Motte de Bonnezac (Chatain, Vienne), ovale, haute de 8 mètres, entourée d'un fossé de 11 mètres de largeur. Elle a 157 mètres de circonférence à sa base ; son sommet légèrement creusé a 17 mètres sur 6 d'étendue.

La Motte de la Ferrière (Vienne), cône tronqué de 6 mètres de hauteur, environné d'un fossé de 10 mètres et d'un agger ; circonférence de 140 mètres à la base.

Les Douves des Châtelliers, près Caunay (Deux-Sèvres), motte entourée d'un fossé.

Motte près Château-Ponsat (Haute-Vienne), de 30 pieds de hauteur et formant plate-forme de 25 pieds de largeur.

Le Châtelard (Arnac, Haute-Vienne), motte de 5 mètres de hauteur et de 90 mètres de circonférence.

Motte *de Masseret*, près Uzerche (Corrèze), entourée de larges fossés et où l'on a trouvé des tuiles à rebords. Une tour féodale a été construite sur son sommet.

Motte *de Nouâtre* (Indre-et-Loire), d'une grosseur considérable et où l'on a trouvé des poteries romaines.

Le Câtel ou *Château*, à Conteville (Seine-Inférieure), motte de 30 mètres de diamètre à son sommet ; on y a trouvé des tuiles à rebords.

La grande *Motte du Maine du Four*, à Saint-Aigulin (Charente-Inférieure), de forme ovale, entourée d'un vallum et de larges fossés.

La Motte, près Moulon (canton de Brannes, Gironde), de forme carrée, entourée de fossés de 15 mètres de largeur.

Si l'origine des mottes faisant partie intégrante des châteliers, dont elles sont évidemment contemporaines, ne peut pas être contestée, il n'en est pas de même des simples mottes isolées du genre de celles que nous venons d'indiquer. L'opinion de ceux qui ont voulu en faire des tumulus funéraires est insoutenable, car ces tumulus, d'ailleurs moins volumineux en général, n'ont jamais été enveloppés de ces larges fossés et même parfois de ces remparts en terre qui font de nos mottes de véritables petites forteresses. Mais la question ayant été mise en discussion au Congrès archéologique de Nantes, en 1856, M. de la Borderie soutint que presque toutes ces buttes artificielles, même celles des camps, avaient une origine purement féodale (1). Telle n'est pas l'opinion de M. Bulliot qui a signalé et décrit beaucoup de mottes fortifiées et isolées dans le pays Éduen. Il pense, en s'appuyant sur de solides arguments, qu'elles ne sont autre chose que les tours ou burgs destinés à transmettre des signaux dont parlent le code Théodosien et divers auteurs du IV° siècle (2).

Ammien Marcellin raconte qu'en 369 l'empereur Valentinien fit construire ou fortifier en Gaule un grand nombre de camps, grands ou petits, et de tours, le long de la frontière du Rhin : « Rhenum omnem à Rœtiarum exordio adusque fretalem oceanum magnis molibus communiebat, castra extollens altius et castella, turresque adsiduas per habiles locos et opportunos, qua Galliarum extenditur longitudo (3). » Végèce donne le nom de *bourg* aux petits postes détachés, « castellum parvulum quem burgum vocant (4). » Zosime parle aussi de ces bourgs et de ces tours (liv. 2). Le code Théodosien contient un titre relatif aux *Burgarii* chargés de leur défense. Son commentateur Godefroy cite le texte d'un anonyme mentionnant les tours fortifiées des frontières, élevées de mille pas en mille pas. Il ajoute judicieusement ces réflexions : « ab his limitaneis burgis similia omnia loca munitiora burgorum nomina tulerunt. » Cœte-

---

(1) *Congrès archéologique de Nantes*, p. 39-42.
(2) *Essai sur le système défensif des Romains dans le pays Éduen.*
(3) Amm. Marcellin, liv. XXVIII, ch. II.
(4) Végèce, liv. IV, ch. X.

rum in occidente fermè hos burgos fuisse burgariosque, ex superioribus locis omnibus liquet ; ac nominatim intra præfecturam prætorianam Galliarum, per Hispanias atque intra Africam (1). »

Ces textes désignent tout aussi bien les châteliers et les mottes fortifiées des provinces de l'ouest et du centre de la Gaule que ceux du pays Éduen. Il est certain que plusieurs mottes sont d'origine féodale. Mais la plupart de celles que nous avons signalées attestent par leurs dénominations de *châteliers*, *châtelards*, etc., par leur structure, par les débris romains qu'on y a trouvés, par leurs situations relatives, qu'elles remontent au IV° siècle. S'il est avéré que la féodalité a placé ses donjons sur plusieurs d'entre elles, il faut en conclure qu'elles sont plus anciennes et que, loin de les avoir fondées, elle les a simplement transformées et utilisées.

§ IX. — SITUATION DES CAMPS.

Tous les camps ou châteliers sans exception, quels que soient leurs noms et leurs formes, même les mottes isolées, sont situés sur des points culminants d'où ils pouvaient non seulement surveiller et dominer le pays environnant, mais aussi s'apercevoir et correspondre entre eux par des signaux. M. Goujet, dans sa trop courte étude sur ceux des Deux-Sèvres, a dit qu'ils étaient séparés par des distances variant de 8 à 12 kilomètres. On ne saurait établir de règle constante à cet égard, parce que, pour asseoir les camps, on a tenu bien plus compte de la configuration générale de chaque contrée que des distances. Ce qu'il y a de certain, c'est qu'ils sont partout très rapprochés. Il y en a même beaucoup qui sont tout à fait voisins ou qui forment des groupes. Citons des exemples : les deux châteliers de la forêt de Saint-Sauvant (Vienne) ; les camps de la Bergerie et de la Gannerie (Mauprevoir, Vienne), placés à 200 mètres seulement l'un de l'autre ; un groupe de quatre camps dans la seule commune de Charroux (Vienne) ; le groupe des trois camps de Salles (Charente) ; les camps de la bruyère d'Ouezy et de César à Escures (Calvados), distants d'une lieue l'un de l'autre ; la grande et la petite motte du Maine du Four (Saint-Aigulin, Charente-

---

(1) Code Théodosien, *de Burgariis*, t. XIV; t. II, p. 392, 393.

Inférieure), situées à 300 mètres l'une de l'autre ; le groupe des quatre camps d'Ornon (Gironde) ; un autre groupe de trois camps à Baigts (Landes).

On peut se convaincre par ces exemples, et par l'énumération donnée plus loin, de la multiplicité et du rapprochement des camps. On en est surtout frappé lorsqu'on examine leur situation sur une carte. C'est un véritable réseau dont les mailles extrêmement serrées recouvrent toute la surface du territoire. L'exiguité de beaucoup de châtelliers, *castella*, diminutif de *castra*, suivant la remarque de Végèce (1), s'explique alors tout naturellement, puisqu'aucun n'eût été susceptible de se défendre seul s'ils n'eussent été placés de manière à se soutenir les uns les autres. Il y a là l'indice clair et évident d'une occupation militaire savante et permanente que l'administration romaine était seule capable de réaliser.

§ X. — Origine des camps dits chatelliers. — Causes de leur établissement.

Maintenant on est amené à se demander quels motifs assez puissants ont déterminé la création de ce système qui a évidemment fonctionné longtemps, car on rencontre fréquemment autour des camps les lieux dits la *bataille*, le *débat*, la *dispute*, etc., traces indubitables des luttes qui ont été la cause ou la conséquence de leur édification. Les historiens ne répondent point catégoriquement à cette intéressante question ; mais il n'est pas impossible de découvrir dans leurs récits l'explication de ces nombreux et énigmatiques monuments, témoins muets d'événements oubliés ou négligés.

Personne assurément n'oserait faire remonter nos camps aux campagnes de César. Les grandes armées du conquérant ou de ses lieutenants n'auraient jamais pu loger dans leurs étroites enceintes. D'ailleurs, il n'a pas parcouru toutes les contrées où il s'en trouve. Tout au plus pourrait-on lui attribuer les grands camps de la Somme (2), ceux du Mont-Gargan et du Mont-Cey (Haute-Vienne), ceux d'Alléan, de Sidiailles, de la Groutte (Cher) (3). Il n'est pas plus

---

(1) Végèce, liv. III, ch. viii.
(2) *Dissertation sur les camps de la Somme*, par M. d'Allonville. — L'auteur se méprend complètement en disant que l'abandon des *castra stativa* est de la fin du iie siècle.
(3) *Voir* seconde partie.

possible de fixer leur origine aux Ier et IIe siècles, brillante époque de paix et de prospérité en Gaule. Les frontières du Rhin seules étaient couvertes de forteresses ; là étaient massées les légions. Mais l'intérieur parfaitement tranquille n'avait besoin ni de camps ni de garnisons. On connaît le texte de Josèphe qui l'affirme : « Galli denique sub mille et ducentis militibus serviunt quibus penè plures habuerunt civitates (1). » Lors du soulèvement passager de l'Anjou et de la Touraine, sous Tibère, il n'y avait qu'une cohorte à Lyon. Le légat Acilius la conduisit aussitôt contre les rebelles et, ayant été rejoint par un corps de légionnaires de l'armée du Rhin, il les fit promptement rentrer dans le devoir. Ce fut encore l'armée du Rhin qui accourut à la même époque réprimer la révolte des Éduens, provoquée par Sacrovir (2). Il n'y avait donc pas alors de troupes campées dans l'intérieur de la Gaule. Cependant, on trouve en 88, sous Domitien, la légion VIII Augusta occupant le camp de Néris (Neriomagus). Mais elle n'y demeura que momentanément. Son légat, Lucius Appius Norbanus, en même temps propréteur d'Aquitaine, la conduisit contre Saturninus, légat de la Germanie supérieure, qui s'était fait proclamer empereur. Puis, après cette expédition, elle fut mise en garnison à Argentoratum (Strasbourg) (3).

Pour trouver la véritable origine du système de camps révélé par les observations archéologiques, il faut descendre jusqu'à la fin du IIIe siècle. Les malheurs de toutes sortes, invasions, anarchie intérieure, guerres civiles et étrangères, qui accablèrent alors l'empire et particulièrement la Gaule, mirent les empereurs dans la nécessité de recourir à des remèdes énergiques. Jusque-là, le danger avait été sur les frontières du Rhin et du Danube, où l'on avait pu le conjurer. Mais à cette époque il était partout. Ce n'étaient pas seulement les barbares qui étaient redoutables. Les populations des provinces, aussi maltraitées par les prétendants tour à tour vaincus et vainqueurs et par les exigences du fisc épuisé que par les pillages des étrangers, devenaient indociles et rebelles. Il fallut donc pourvoir à la défense de l'intérieur comme à celle des frontières. Deux fléaux

---

(1) Josèphe, *De Bello judaico*, lib. II, ch. VIII.
(2) Tacite, *Annales*, liv. III, ch. XLI, XLIII, XLV.
(3) Art. de M. Rénier, dans les *Mém. de l'Académie des inscriptions et belles-lettres*, 1872, p. 423.

qui sévirent d'une manière pour ainsi dire permanente ou périodique durant près de deux siècles, les descentes de pirates saxons sur les côtes et les insurrections des Bagaudes dans presque toutes les provinces de la Gaule, semblent avoir déterminé l'établissement de forces spéciales disséminées partout dans des camps fixes et chargées de les combattre.

§ XI. — Ravages des pirates. — Camps de Constance Chlore.

Vers l'an 286, les ravages des pirates francs et saxons sur les côtes de la Gaule-Belgique et de l'Armorique devinrent tellement insupportables, que les empereurs Dioclétien et Maximien chargèrent Carausius de les dompter à la tête d'une flotte réunie à Boulogne. Carausius, on le sait, ne s'acquitta qu'incomplètement de sa tâche et, passant en Bretagne, s'y fit proclamer empereur en 287 (1). Les efforts de Constance Chlore, chargé en qualité de César du gouvernement des Gaules, en 292, furent plus efficaces. Il enleva Boulogne à Carausius, et alla exterminer les barbares francs jusque dans leur pays aux bouches du Rhin. Parmi les moyens auxquels il eut recours pour prévenir le retour de la piraterie, il faut absolument lui faire honneur de l'établissement des camps sur les côtes de la mer du Nord. Ammien Marcellin les désigne positivement sous le nom de *castra Constantia*, et fixe leur position sur les bords et à l'embouchure de la Seine. « Matrona et Sequana qui fluentes per Lugdunensem, post circumclausum ambitu insulari Parisiorum castellum Lutetiam nomine, consociatim meantes protinus propè *castra Constantia* funduntur in mare (2). » Ces camps sont très probablement ceux qui existent encore dans cette partie de la Normandie, et M. Cochet ne s'avance pas trop en identifiant avec l'un d'eux la grande enceinte dite *camp de César* à Sandouville, près du Havre (3). Pourquoi ne donnerait-on pas la même origine au camp de Limes, près Dieppe, et à plusieurs châteliers des bords de la Seine? Il en est de même de Coutances (castra Constantia), dont le nom trahit l'origine.

(1) Eutrope, *Hist. romaine*, liv. IX. — Aurélius Victor, *de Cæsaribus*.
(2) Ammien Marcellin, liv. XV, ch. xi.
(3) *Répert. archéologique de la Seine-Inférieure*.

On savait bien que Dioclétien avait augmenté les camps et châteaux des frontières du Rhin et du Danube, ainsi que le firent d'ailleurs tous ses successeurs. Mais, jusque-là, il n'est nullement question de camps dans l'intérieur ou sur les côtes. Constance Chlore est donc le premier empereur qui, d'après le témoignage d'Ammien, en ait établi dans des lieux où, jusqu'à ce jour, ils avaient paru inutiles. Faut-il lui attribuer tous ceux que l'on rencontre sur le littoral entier de la Gaule, tant à l'ouest qu'au nord? Cette conclusion ne parait point téméraire, car les mêmes causes engendrent partout les mêmes effets. S'il est avéré que les camps de l'embouchure de la Seine ont pour auteur l'empereur Constance Chlore et pour cause les incursions des pirates, on doit nécessairement admettre qu'il en a été construit beaucoup d'autres sur tous les points menacés. Or, on sait par Eutrope, par Orose et d'autres historiens que les pirates francs et saxons ravageaient non seulement les côtes de la Gaule-Belgique, mais aussi de l'Armorique et de tout l'Océan jusqu'à celles de l'Espagne (1). L'autorité impériale n'aura donc pas manqué de pourvoir, là comme ailleurs, à la défense et par les mêmes moyens. Par suite, on est assez autorisé à dater de cette époque une partie tout au moins des camps du littoral de l'ouest et nord-ouest, tels que ceux de la presqu'île du Cotentin, de Tronoen (Finistère), des lignes d'Auverné-Guéméné (Loire-Inférieure), du Terrier-de-Toulon (Saintonge), de Castillon-de-Médoc (Gironde), etc.

Le système se sera complété et aura pris plus de développement dans la suite, car la piraterie continua ses ravages, ou du moins les renouvela à des intervalles plus ou moins éloignés. Ammien Marcellin nous parle, sous les années 368 et 369, des incursions désastreuses des Francs et des Saxons, de leur audace et des ruses qu'ils employaient pour surprendre inopinément les populations effrayées (2). Les rivages sur lesquels ils descendaient si souvent et où plusieurs finirent même par s'établir prirent leur nom *littus Saxonicum*, aussi bien ceux de la Normandie actuelle, où l'on trouve les *Saxones Bajacassini*, que ceux de l'ancienne Armorique, à l'embouchure de la Loire, où beaucoup d'îles de l'estuaire de ce fleuve leur

(1) Eutrope, *Hist. romaine.* — *Hist. des empereurs*, par Tillemont, t. III, p. 350.
(2) Liv. XXVII, ch. viii, et liv. XXVIII, ch. ii et v.

appartenaient encore au vᵉ siècle (1). Leurs dévastations continuaient à la même époque sur les côtes de l'Aquitaine où l'on était toujours obligé de se tenir en garde contre eux. C'est ce que nous apprend une lettre de Sidoine Apollinaire, adressée vers 470 à son ami Nammatius, chargé par les Visigoths, nouveaux maîtres du pays, de veiller à la sûreté des mers de Saintonge et de l'île d'Oléron. Il y trace un sombre tableau des cruautés des pirates Saxons (2). Ainsi les rois barbares, successeurs de l'autorité impériale, avaient jugé utile de conserver la défense des côtes, telle qu'elle était si bien organisée avant eux.

§ XII. — Insurrections des Bagaudes. — Mesure prise par Constantin.

La ligne de camps distribués le long des rivages de la Gaule trouve son explication historique toute naturelle dans la nécessité de repousser les incursions de la piraterie. Mais la construction de ceux si multipliés des provinces centrales a eu évidemment pour cause un danger provenant d'un ennemi intérieur. Cet ennemi, nous l'avons dit, ce sont les Bagaudes. Les ravages des dernières invasions barbares, repoussées avec tant de peine par Probus, l'anarchie militaire, les récentes guerres civiles de Proculus et de Bonosus, la tyrannie de Carin et surtout les exigences ruineuses du fisc avaient réduit les populations rurales de la Gaule à la misère et au désespoir. Une grande insurrection dirigée par deux chefs élus, Amandus et Elianus, éclata en 284 et 285. Ce fut une terrible jacquerie. Les insurgés connus sous le nom de Bagaudes, du mot celte *Bagad*, attroupement, auxquels se joignirent tous les aventuriers, les voleurs, et même quelques chrétiens persécutés, ravagèrent partout les campagnes, attaquèrent ou bloquèrent les villes. La terreur et le danger étaient si grands que le nouvel empereur Dioclétien s'adjoignit un collègue, Maximien Hercule, qu'il envoya immédiatement en Gaule à la tête d'une armée. Pendant ce temps-là, comme nous l'avons dit plus haut, les pirates francs et saxons ravageaient les côtes. Les Bagaudes ne purent tenir contre l'empereur, et leur principale armée

(1) *Notice des dignités de l'Empire.* — *Géographie de la Gaule*, par Desjardins, t. I, p. 293-296.
(2) *Œuvres de Sid. Apoll.*, par Baret, Epist., liv. VIII, p. 407-409.

fut vaincue et anéantie, en 286, au camp de Saint-Maur-des-Fossés, qui porta longtemps le nom de Château-des-Bagaudes. Mais la pacification sur laquelle, d'ailleurs, on ne possède que des détails insuffisants ne fut pas si facile. La Bagaudie vaincue ne fut pas anéantie et devait renaître plus d'une fois (1).

Constance Chlore, envoyé en 292 dans les Gaules, acheva d'y rétablir l'ordre et la tranquillité. On sait combien son administration y fut bienfaisante. S'il paraît avéré qu'il ait établi la ligne des camps du littoral contre la piraterie, on se demande tout naturellement s'il n'a pas songé à prendre des mesures analogues à l'intérieur pour prévenir le retour de la Bagaudie qui avait si fortement ébranlé le pays. Ce qui tendrait à le faire croire, c'est l'établissement, à titre de lètes ou colons militaires, d'un grand nombre de Francs dont on lui est redevable dans le nord et l'est de la Gaule (2). Constantin en prit également à son service, de 306 à 312. Il fallut bien sans doute cantonner et faire camper d'une manière stable et profitable à l'Empire ces auxiliaires qu'on prétendait vraisemblablement utiliser aussi bien contre les révoltes intérieures que contre les invasions étrangères.

Mais ce qui semble principalement avoir donné naissance à l'établissement général et systématique des camps, c'est la détermination prise plus tard par Constantin de retirer une partie considérable des garnisons des frontières pour les disséminer dans les villes intérieures de l'Empire. L'historien Zosime en relatant ce fait le reproche durement à Constantin (3). Il est pourtant certain que ce prince ne négligea pas pour cela la défense des frontières dont il fit, au contraire, réparer et augmenter les forteresses (4). Mais s'il prit la grave mesure rapportée par Zosime, il faut bien admettre qu'elle était motivée par un danger non moins grave et non moins sérieux. Or, la crainte de nouveaux désordres de la part des Bagaudes est la seule cause susceptible d'expliquer une semblable détermination (5). Il ne faut pas l'oublier, en effet, les populations rurales succombaient toujours sous le poids d'impôts exagérés et irritants, que Constantin

---

(1) Aurélius Victor; Eutrope; Tillemont, *Hist. des empereurs*, t. IV, p. 9, 10. — *Hist. de la Gaule*, par Amédée Thierry, t. III.
(2) Tillemont, t. IV, p. 33.
(3) Liv. II, ch. xxxiii.
(4) Lebeau, *Hist. du bas Empire*, t. 1, p. 320, 321.
(5) De Pétigny, *Études sur l'époque mérovingienne*, t. 1, *passim*.

lui-même se vit obligé d'adoucir à Autun en 311 (1). La suppression de la capitation pour les cités, ordonnée par une loi de Dioclétien, avait dû profondément les mécontenter. Elle retombait ainsi tout entière sur les paysans. M. Naudet observe à ce sujet que les paysans gardèrent par la capitation la marque de l'esclavage, parce que toutes les terres étaient possédées par les riches habitants des villes et affermées à des colons que la misère avait forcés d'aliéner leur liberté ou qui étaient originairement de condition servile. Les habitants des campagnes qui possédaient un petit patrimoine et n'appartenaient pas à un maître avaient suivi, à cause de leur pauvreté, le sort des autres colons. Il n'y avait plus de distinction qu'entre les habitants des villes closes, *urbani*, puis *burgenses*, et les habitants des campagnes, *rusticani extra muros positi* (2). La généralité des paysans étaient devenus esclaves de la glèbe (3). Cet état de choses qui avait engendré la grande explosion de la Bagaudie, en 285, et qui n'avait point changé, entretenait à l'état latent une haine et une irritation que la moindre occasion ou l'excès de la misère pouvaient transformer en insurrection sanglante. La condition des villes, elles-mêmes écrasées par les contributions municipales, laissait bien à désirer, malgré les lois protectrices de Constantin. Tous ceux que le fisc ruinait ou forçait à devenir colons étaient autant de mécontents (4).

Cette situation troublée n'avait pu échapper à l'esprit sagace de Constantin. Comme il paraissait impossible de la changer, il chercha du moins à prévenir les désordres qu'elle pouvait produire. Cela seul, nous le répétons, peut expliquer le cantonnement des légions dans les villes de l'intérieur, que Zosime lui a tant reproché. En agissant ainsi, il retenait plus facilement dans l'obéissance les soldats et les habitants des campagnes (5). Des considérations politiques et d'ordre supérieur avaient imposé cette décision à l'empereur. Lorsqu'on la mit à exécution, lorsqu'on distribua les troupes dans toutes les provinces centrales, il fallut bien pourvoir à leur

---

(1) Tillemont, t. IV.
(2) *Des changements opérés dans l'administration de l'Empire romain*, par Naudet, t. 1, p. 279 et n° 2.
(3) Idem, t. II, p. 105, 110.
(4) Idem, t. II, p. 110-112.
(5) Idem, t. II, p. 167-168.

casernement, à leur solde, prendre diverses mesures militaires sur lesquelles nous n'avons aucuns détails, mais dont la principale doit avoir été certainement la création de cette multitude de camps dits *châtelliers*. Peut-être Constance Chlore, auteur des camps du littoral, avait-il commencé à établir ceux de l'intérieur. Mais le vaste système de castramétation, dont nous donnons le tableau incomplet, ne saurait être que la conséquence du grand changement militaire opéré par Constantin.

En effet, pour atteindre le but évident qu'on s'était proposé, celui de prévenir les révoltes *intérieures*, il fallait bien recourir à des moyens efficaces. Or, la Bagaudie était partout et nulle part. C'était, suivant l'heureuse expression d'un historien moderne de la Bretagne, une véritable chouannerie. Réprimée sur un point, elle reparaissait sur un autre. C'était une guerre de guérillas, plus ou moins vivace suivant les époques, mais toujours inquiétante et désastreuse, et dans laquelle l'ennemi restait ordinairement insaisissable. De là, la nécessité de ces petits camps placés à des distances très rapprochées, savamment disséminés sur l'immense territoire de la Gaule, et d'où les détachements qui les occupaient, surveillant continuellement le pays, pouvaient étouffer à l'instant même les révoltes locales, avant que l'insurrection ne devînt générale. En employant cet ingénieux système d'occupation militaire, l'autorité impériale avait donc trouvé le moyen de tenir partout en bride les brigands de la Bagaudie. Il est impossible, croyons-nous, d'expliquer autrement l'existence de nos châtelliers, si exigus en général dans leurs dimensions, mais si puissants par le nombre et la combinaison savante de leurs positions respectives. On s'explique maintenant la formation de beaucoup de bourgades et de petites villes autour de leurs remparts. La sécurité dont on y jouissait attirait naturellement des habitants.

La nouvelle organisation produisit des effets salutaires. Les historiens ne parlent point, au IVe siècle, de soulèvements sauvages comme celui de 285. Sans doute, il y eut bien des brigandages, surtout dans certains moments critiques, tels que les guerres civiles. Ainsi, lors de l'usurpation de Magnence en Gaule, en 350, et des luttes qui amenèrent sa chute, de nombreux déserteurs, se jetant dans les bois, se joignirent aux Bagaudes et devinrent eux-mêmes brigands. Des vétérans, poussés par la misère, s'étaient mis voleurs de grands chemins. Une loi de Constance, de 353, renouvelant une loi précédente de Constantin, chercha à y remédier en donnant aux vétérans des moyens d'existence, notamment des terres à cultiver (1). La Bagaudie se manifesta d'une manière plus violente en 369, sous Valentinien. Voici en quels termes en parle Ammien Marcellin : « La Gaule, à cette époque, fourmillait de bandits qui faisaient un mal affreux. Ils se portaient sur les routes les plus fréquentées, attaquant sans hésiter quiconque promettait une riche dépouille. Parmi leurs nombreuses victimes, je citerai le grand écuyer Constantien, qu'ils firent tomber dans un guet-apens, où il fut massacré. Il était parent de l'empereur et cousin de Céréalis et de Justine (2) ». Quoi qu'il en soit, au iv° siècle, les Bagaudes ne mirent point l'Empire en péril, grâce évidemment au système des cantonnements militaires que Valentinien augmenta et renforça peut-être, comme il le faisait sur la frontière du Rhin, « *castra extollens altius et castella, turresque adsiduas per habiles locos et opportunos* (3) ». Les Bagaudes attaquaient bien sans doute quelquefois certains camps, ainsi que semblent l'indiquer les dénominations de champs *de la bataille*, conservées dans leur voisinage, mais ils ne purent alors jamais rompre les mailles de ce puissant réseau. Les pirates saxons firent, de leur côté, plusieurs tentatives; mais Valentinien parvint à les éloigner (4).

Il n'en fut plus ainsi au v° siècle. La Bagaudie prit alors une terrible recrudescence. Beaucoup de déserteurs de l'armée firent cause commune avec elle. Deux lois d'Arcadius et d'Honorius, de l'an 403, ordonnent à tous les provinciaux, dans l'intérêt de la tranquillité publique, de poursuivre les voleurs, les déserteurs et ceux qui leur donnent asile, et de leur infliger le dernier supplice. Cet ordre est envoyé à tous les commandants de villes, vicus et châteaux ou camps, « *ad notitiam primatium urbium, vicorum castellorumque* (5) ». La grande invasion barbare de 406, qui ravagea si

---

(1) Code Théod., loi VII, *De veteranis.* — *Hist. de la Gaule*, par Amédée Thierry, t. III, p. 271.
(2) Ammien Marcellin, liv. XXVIII, ch. II. — Amédée Thierry, t. III, p. 438.
(3) Ammien Marcellin, l. XXVIII, c. 2.
(4) Idem, l. XXVIII, c. 2, 5 et 8.
(5) Code Théod., *De desertor.*, liv. VII, tit. XVIII, l. 13 et 14.

cruellement une grande partie de la Gaule, dut briser momentanément la résistance des camps qui n'avaient point été élevés contre des attaques de cette nature, mais bien contre des ennemis intérieurs. Pendant ce temps-là, des troupes de Bagaudes infestaient les Alpes et sans doute aussi d'autres contrées, à la faveur de la guerre de l'usurpateur Constantin contre Honorius (Tillemont, t. V, p. 552). L'Armorique, qui avait échappé à l'invasion, profitant du désordre général, secoua le joug et se sépara de l'Empire en 409. D'après plusieurs auteurs, tels que Dubos, de Courson, Halleguen, la sécession armoricaine ne serait autre chose que le triomphe de la Bagaudie, cette vieille insurrection nationale (1). Les garnisons romaines des camps de cette contrée durent être alors ou exterminées ou absorbées, à moins qu'elles n'aient été appelées en Italie, avec les autres forces de la Gaule, par Stilicon (Tillemont, t. V, p. 530, 546). Le préfet des Gaules, Exupérantius, réussit à y rétablir l'autorité impériale en 416, mais, d'après M. Morin, seulement dans la partie du *tractus* armoricain situé au sud de la Loire (2). Toutefois, cette dernière restriction ne semble pas bien fondée.

Une nouvelle insurrection des Bagaudes, à laquelle se joignit aussi l'Armorique, commencée en 435 dans le centre de la Gaule, s'étendit de toutes parts et embrasa de proche en proche presque toutes les provinces. Un chef nommé Tibaton la dirigeait. Les garnisons des camps se trouvant insuffisantes pour la dompter, Aëtius, commandant en Gaule pour l'autorité romaine, fut obligé d'envoyer contre les rebelles son lieutenant Littorius Celsus à la tête d'un corps de Huns auxiliaires. Il ne fallut pas moins de deux ans pour étouffer cette insurrection. Tibaton et les autres chefs furent pris ou tués en 437 (3). Malheureusement l'on ne possède sur ces troubles que des renseignements trop brefs et parfois confus. Il paraît que Majorien s'y distingua dans l'armée romaine. Sidoine Apollinaire célèbre ses exploits sur les bords de la Seine, de la Loire, de l'Allier et du Clain (4). Il aurait aussi défendu

---

(1) Zosime, liv. VI, ch. 5 — *Hist. des peuples bretons*, par de Courson, t. I, p. 134, 140. — Halleguen, *Armorique et Bretagne*, p. 12.

(2) Rutilius, *Itinerarium*, liv. I, v. 209. — *État des forces romaines en Bretagne*, par Morin.

(3) Prosperi Tyronis chronicon. — Sid. Apollinaire, Carm. IV. — Tillemont, t. V, p. 208, 210, 214. — *Hist. des peuples bretons*, par de Courson, t. I.

(4) Sid. Apollinaire, Carm. VII. — Tillemont, t. V, p. 210 a traduit le mot

Tours, en 445, contre les Armoricains qui continuaient les hostilités, si bien que Aétius envoya pour en finir avec eux un corps d'Alains auxiliaires commandés par *Eocaric*, cantonnés sur la Loire et célèbres par leur férocité. Mais saint Germain, évêque d'Auxerre, empêcha l'expédition et obtint le pardon de l'Armorique (1). La Bagaudie essaya encore de relever la tête en 448. Un médecin nommé Eudoxe, accusé de favoriser un nouveau mouvement, s'enfuit chez les Huns (2).

Quels motifs puissants poussaient donc ainsi depuis plus de deux siècles les populations rurales de la Gaule, de l'Espagne et de bien d'autres contrées à une résistance si persistante et souvent si sauvage contre l'administration romaine? Les auteurs contemporains, Lactance, Ammien Marcellin, Orose, Sidoine Apollinaire, Salvien, aussi bien que les lois du code Théodosien répondent à cette question. C'est la rapacité du fisc, la répartition inégale des impôts, leur exagération et surtout la dureté de leur recouvrement qui ont soulevé la haine des populations. La misère augmentée d'autre part par les ravages des barbares, les concussions des fonctionnaires, les usurpations et les guerres civiles devait naturellement les entraîner dans la révolte à main-armée. Plusieurs lois du code Théodosien, citées par Serrigny, fournissent de précieux renseignements sur le triste état des provinces engendré par le régime fiscal (3). Il y avait, depuis la fin du III° siècle, scission complète entre l'aristocratie gallo-romaine, privilégiée, occupant toutes les fonctions, maîtresse de presque toutes les terres, et la population agricole, écrasée par toutes sortes de charges et réduite à l'état de serfs de la glèbe (4). Salvien estime que les Bagaudes étaient plus malheureux que coupables, et il constate que beaucoup de citoyens romains préféraient vivre sous la domination des barbares. C'est en vain que M. Fustel de Coulanges a nié l'importance de la Bagaudie et la haine de la Gaule contre l'Empire, aux IV° et V° siècles. Les

Clitis, employé par Sidoine, par le Clain, rivière du Poitou. Mais cette identification est incertaine.
(1) Tillemont, t. V, p. 233, 236. — De Courson, t. I.
(2) Tillemont, t. V, p. 236, 237.
(3) *Droit public et administratif romain*, par Serrigny, t. II, p. 166, 170. — Code Théod., tit. *De indulg. debit.*, et tit. *De alim. quæ inop. par.*
(4) De Pétigny, *Études sur l'époque mérovingienne*, t. I, *passim*.

textes qu'il cite lui-même dans son ouvrage démontrent le contraire (1). Tous les auteurs modernes qui se sont occupés des origines de notre histoire sont d'accord sur les causes de l'état précaire de l'Empire à son déclin. Ses ennemis intérieurs étaient presque aussi dangereux que les barbares. Les ruines si nombreuses de villas que l'on découvre à chaque instant dans le sol pourraient être aussi bien attribuées aux sauvages soulèvements des Bagaudes qu'aux ravages des Goths et des Vandales. Là est la vraie cause, la seule raison, l'explication la plus naturelle des grandes précautions militaires prises sur tous les points par l'autorité romaine en péril. Quels que fussent les motifs, les griefs de l'insurrection, il fallait bien se mettre en défense contre ses entreprises. Maintenant on se rend compte de la grande mesure prise par Constantin lorsqu'il couvrit la Gaule de garnisons, et l'on entrevoit l'origine de tous ces camps dont le nombre paraissait d'abord si inexplicable, si extraordinaire.

Constantin, quoi qu'on ait dit Zosime, se garda bien évidemment de dégarnir les frontières du Rhin et du Danube. L'historien qui nous apprend le transport de troupes dans les provinces intérieures opéré par cet empereur, vers la fin de son règne, aurait pu nous dire dans quelle mesure on procéda à ce fractionnement, et sur quelles bases se fit la répartition. M. Robert, après avoir constaté l'insuffisance des troupes de police, de l'*officium* des gouverneurs contre la Bagaudie et la nécessité de faire appel aux armées des frontières, pense que les légions, telle que la 30° Ulpia, furent alors divisées en préfectures et disséminées dans les Gaules, ainsi que dans d'autres provinces (2). La *Notice des dignités* donne, en effet, de nombreux exemples de la division des légions en quatre ou cinq préfectures cantonnées chacune sur des points plus ou moins éloignés de la même province. Ainsi, la 5° légion Jovia en Pannonie est divisée en trois préfectures, et occupe trois points différents. La 2° Adjutrix, dans la province de Valéria, est divisée en six préfectures. La 3° Italique, en Rhétie, en comprend cinq. La 5° Macédonique en a quatre, et la 13° Gémina, cinq. Enfin, on trouve un *præfectus militum Mar-*

---

(1) *Hist. des institutions politiques de la France*, p. 191 et suiv., 295, 418.
(2) *Les armées romaines et leur emplacement*, par l'intendant général Robert, 1872.

tensium à Aleth, dans la Bretagne-Armorique, et un autre *præfectus militum Martensium*, à Altrip, près Spire, en Germanie. Tout cela prouve que les légions et autres corps spéciaux des armées romaines avaient été scindés en détachements plus ou moins nombreux, dispersés en divers lieux. La *Notice*, qui date de l'an 400 environ, retrace un état de choses qui remonte, dans son ensemble, à une centaine d'années en arrière. C'est donc très probablement Constantin qui, pour former les garnisons destinées aux provinces intérieures, a tiré des détachements de chaque corps des frontières.

Mais c'est principalement aux Lètes ou fédérés barbares que les empereurs eurent recours pour contenir les populations mécontentes ou pour repeupler les pays ruinés et abandonnés. Ce système, inauguré dès la fin du IIIe siècle, fut pratiqué sur une grande échelle par Constantin et par tous ses successeurs qui maintinrent et développèrent l'organisation des garnisons intérieures. Les *Lètes* et *Gentiles* étaient, on le sait, des barbares de toutes nations, soit faits prisonniers dans les guerres, soit attirés et transportés dans l'Empire en vertu d'une convention, auxquels l'autorité romaine concédait des terres, à charge d'un service militaire perpétuel. Ils s'établissaient avec toute leur famille dans les lieux qui leur étaient assignés, et leurs enfants suivaient leur condition. Ils étaient à la fois colons et soldats (1).

§ XIII. — Colonies militaires de Lètes. — Leur répartition dans les provinces et les camps.

Les colonies militaires de Lètes, dont la Notice des dignités donne une énumération, furent nombreuses en Gaule au IVe siècle. Elles ne s'y établirent que successivement et vinrent y grossir ou remplacer les premières garnisons placées par Constantin. Zosime dit que ces troupes furent cantonnées dans les villes qui n'en avaient pas besoin. Les villes, en effet, étaient bien moins hostiles que les campagnes au gouvernement romain. D'ailleurs, elles étaient fortifiées et elles avaient leurs milices municipales. C'est précisément pour ce motif, croyons-nous, que les garnisons n'y demeurèrent pas longtemps. On s'empressa, sans doute, de les disséminer dans les camps aussi-

---

(1) *Droit public et administratif romain*, par Serrigny, t. I, p. 354, 377.

tôt après leur constrution. La mesure prise par Constantin n'ayant eu d'autre but, nous pensons l'avoir démontré, que de réprimer les brigandages de la Bagaudie, il dut évidemment, aussi bien que ses successeurs, chercher avant tout à atteindre le mal dans sa racine. Or, c'était dans les bois et dans les retraites les plus cachées des campagnes que les Bagaudes avaient leurs repaires. De là la nécessité de disséminer et d'établir des soldats dans des postes fixes sur tous les points les plus favorables des pays infestés. La *Notice* nous donne le curieux tableau de la répartition des troupes dans les provinces de la Gaule.

Le duc du territoire Armoricain et Nervien, *dux tractus Armoricani et Nervicani*, qui comprenait les deux Aquitaines, la Senonaise, les 2ᵉ et 3ᵉ Lyonnaises, avait sous ses ordres :

Tribunus cohortis primæ novæ Armoricæ, Grannona, in littore saxonico (lieu indéterminé sur la côte du pays de Bayeux).

Præfectus militum Carronensium, Blabia (à Blaye).

Præfectus militum Maurorum Venetorum, Venetis (à Vannes).

Præfectus militum Maurorum Osismiacorum, Osismiis (à Carhaix).

Præfectus militum superventorum, Mannatias (pour Namnatias, à Nantes).

Præfectus militum Martensium, Aleto (à Aleth ou Saint-Malo).

Præfectus militum primæ Flaviæ, Constantia (à Coutances).

Præfectus militum Ursariensium, Rotomago (à Rouen).

Præfectus militum Dalmatarum, Abrincatis (à Avranches).

Præfectus militum Grannonensium, Grannono (lieu indéterminé).

Le maître de la milice présentale résidant près de l'empereur avait sous sa dépendance en Gaule :

In provincia Novempopulana, tribunus cohortis Novempopulanæ, Lapurdo (à Bayonne).

Præfectus Lætorum Teutonicianorum, Carnunta Senoniæ Lugdunensis (à Chartres).

Præfectus Lætorum Batavorum et Gentilium Suevorum, Baiocas et Constantiæ Lugdunensis secundæ (à Bayeux et à Coutances).

Præfectus Lætorum, ... Gentilium Suevorum... Cenomannos Lugdunensis tertiæ (au Mans).

Præfectus Lætorum Francorum, Redonas Lugdunensis tertiæ (à Rennes).

Præfectus Lætorum ... Gentilium ... Remos et Silvanectas Belgicæ secundæ (à Reims et à Senlis).

Præfectus Lætorum... Gentilium Suevorum, Arvernos Aquitanicæ primæ (en Auvergne).

Præfectus Sarmatarum gentilium et Taifalorum gentilium, Pictavis in Gallia (à Poitiers).

Præfectus Sarmatarum a Chora Parisios usque (Chora, lieu indéterminé, soit Cure entre Auxerre et Avallon, soit Corbeil).

Præfectus Sarmatarum gentilium per tractum Rodunensem et Alaunorum (Roanne et le Velay).

Præfectus Sarmatarum gentilium, Lingonas (à Langres).

Præfectus Sarmatarum gentilium, Augustoduni (à Autun).

La notice énumère encore, au chapitre VII, beaucoup d'autres corps (*numeri*) d'infanterie et de cavalerie (*vexillationes*) placés en Gaule sous les ordres du maître de la cavalerie, mais dont elle n'indique pas les campements (1).

Les préfets de ces diverses troupes résidaient, comme on le voit, dans les chefs-lieux des cités gallo-romaines. Mais leurs soldats, répétons-le, étaient disséminés par détachements dans ces nombreux camps dits châteliers, d'où ils surveillaient les campagnes et près desquels ils cultivaient les terres que le fisc leur avait concédées. Si nous examinons quelque peu les campements des Taifales en Poitou, nous en trouvons sur tous les points de la province, au nord, à l'ouest, à l'est, aussi bien qu'au sud et au centre. La Tiffaille (commune de Mouterre); la haute et la basse Tiffaille (commune de la Chapelle-Montreuil); la Tiffaille près la Chatille (commune de Béthine); les Tiffalières (commune de Liniers); la Tiffannelière (commune de Celle-Léveéquault); un Tiffauges, aujourd'hui disparu, indiqué par une charte de 1120, dans la commune de Vivonne (Vienne) en ces termes : *stagnum sub Teofaugiis* (cartul. de Saint-Cyprien); la Tiffardière (commune de Saint-Liguaire); Tiffaut (commune de Genneton); la Tiffaille, près Saint-Remi en Mazières, en Gâtine; la Taifferie, près Bressuire; Tiffauges (Vendée).

Il en est de même des campements Sarmates dans le pays Éduen. On en trouve partout les traces irrécusables dans les noms de

---

(1) *Notitia dignitatum*, Ed. Böcking.

lieux : Sermiselles-sur-la-Cure ; Salmaize (Castrum Sarmacum), près de Flavigny ; Sarmaise, près Sémur en Auxois ; Sermesse ou Sarmace, près Verdun ; Sarmoissy ; Sermoyé-sur-la-Saône, Sermaisey ; Charmesse (villa Sarmatica), près Genouilly ; Sermaise, près Charolles ; Sermoise, au confluent de la Loire et de l'Allier ; Charmasse, près le camp de l'Essertenne ; Sermage, près le camp de Bou ; Chermage, près le camp des Montelles (1). Rien ne démontre mieux l'éparpillement savamment combiné des forces de l'Empire jusque dans les lieux les plus retirés des campagnes. Rien n'explique mieux la véritable destination des camps dits *châtelliers*. Ce sont bien là ces *stationes agrariæ* préposées à la sûreté d'un pays, dont parle en plusieurs passages Ammien Marcellin. L'état officiel de leurs garnisons à la fin du IVe siècle nous est maintenant connu d'une manière certaine. Sans doute il a dû subir des modifications depuis Constantin. Ainsi les Taifales, d'origine scythe et habitant les bords du bas Danube, n'ont peut-être été transportés en Poitou, comme colons auxiliaires, qu'après 377, lors de leur défaite en Thrace par le général romain Frigérid, qui en envoya beaucoup en Italie (2). L'établissement des Sarmates en Gaule pourrait bien remonter jusqu'à Constantin qui, d'après l'auteur anonyme de sa vie, en aurait répandu jusqu'à 300,000 dans tout l'Empire (3). Mais quelles que soient les dates diverses des colonies de Lètes au IVe siècle, elles ont toujours dû être cantonnées de manière à remplacer en nombre au moins égal les premières garnisons placées dans les camps par Constantin.

Les défenseurs des camps, lètes ou vétérans, appelés *castrensiani*, *burgarii*, *milites castellani* dans les lois du Code Théodosien qui les régissent, étaient affectés et pour ainsi dire rivés d'une manière perpétuelle à la garde des postes qui leur étaient confiés. C'est ce qu'exprime très bien en ces termes le commentateur du code Théodosien : « *Horum burgariorum certa corpora erant, huic rei affectata, affixa, non secus ac collegiis et curiis certi erant destinati* (4). Les lois leur garantissaient la possession des terres voisines des

---

(1) *Essai sur le système défensif des Romains dans le pays Éduen*, par Bulliot.
(2) Ammien Marcellin, liv. XXXI.
(3) Naudet, *Des changements de l'Empire romain*.
(4) Code Théod., t. II, p. 392, 393.

camps qui leur étaient attribuées, et il y avait peine de mort contre les usurpateurs (1). Ces colons militaires demeuraient donc toujours dans les mêmes lieux et transmettaient à leurs descendants les charges et les avantages de la concession primitive. Aussi il y a tout lieu de considérer comme déjà ancien l'état indiqué par la *Notice*.

§ XIV. — Recherches sur l'effectif des garnisons des camps.

On a tenté d'évaluer l'effectif des troupes placées sous les ordres des préfets militaires dont parle la *Notice*. M. de la Borderie, invoquant l'autorité de Végèce, estime que chacun de ces préfets commandait une légion dont il fixe le contingent à 4,000 hommes (2). M. Morin a démontré, en s'appuyant sur des exemples tirés de la *Notice* et sur des textes du code Théodosien, qu'il ne fallait pas confondre le *præfectus legionis* avec le *præfectus militum* ; que ce dernier est inférieur au premier, et que la préfecture est une subdivision ou détachement de la légion (3). Mais sur l'effectif de la préfecture aussi bien que sur celui de la légion au IVe siècle, il règne une grande incertitude. L'ancienne légion de 6,000 hommes sans compter ses auxiliaires, réduite à 1,000 ou 1,500 hommes par Constantin, ne tarda pas à être reportée environ à son premier chiffre. Cependant Végèce, qui raisonne ordinairement sur ce qui doit être, ne donne pas de renseignement précis à cet égard. Ce qui paraît certain, c'est que la légion comprenait alors quatre, cinq et même six préfectures. M. Morin, invoquant, comme Pancirole, un traité de Constantin Porphyrogénète, estime que la préfecture devait comprendre 1,000 hommes. Il pense en outre que les préfets des Lètes, assurément inférieurs aux autres préfets militaires, doivent leur être assimilés quant au nombre de soldats placés sous leurs ordres.

Ainsi, d'après les calculs différents de MM. de la Borderie et Morin, les troupes placées dans la presqu'île de la Bretagne Armo-

---

(1) Id., lois de 409 et de 423, *De terris limitaneis*, t. XV. — « Quicumque *castellorum loca* quocumque titulo possident, cedant ac deserant : quia ab his tantum fas est possideri *castellorum territoria* quibus abscripta sunt et de quibus judicavit antiquitas. Quod si ulterius, vel privatæ condicionis quispiam in his locis, vel non *castellanus miles* fuerit detentator inventus, capitali sententia cum bonorum publicatione plectatur. »

(2) *Annuaire historique et archéologique de la Bretagne*, 1861.

(3) *De l'état des forces romaines en Bretagne vers le Ve siècle.*

ricaine, sous le commandement des préfets militaires de Nantes, Vannes, Carhaix, Aleth et Rennes, se seraient élevées, soit à 20,000 hommes, soit à 5,000 seulement. Le préfet de Blaye aurait eu, soit 4,000, soit 1,000 hommes. Celui des Taifales et Sarmates de Poitou, soit 4,000, soit 1,000. Celui des Suèves du Mans, soit 4,000, soit 1,000, etc., etc. M. de Courson considère avec raison ces évaluations comme trop élevées ou comme trop basses (1). Il serait difficile d'adopter un chiffre, car les éléments manquent pour arriver à la certitude, à l'exception peut-être des deux cohortes de Grannona et de Bayonne, dont on pourrait peut-être, en se basant sur Végèce, fixer le contingent de chacune à 1,200 fantassins et 132 cavaliers (2). Mais rien ne pourrait faire entrevoir l'effectif réel des préfectures de troupes légionnaires, pas plus que celui des préfectures de Lètes. Quoi qu'en ait dit M. Morin, il n'y a pas de motif suffisant de leur attribuer un nombre égal de soldats. Le contingent des Lètes, variable selon les succès obtenus sur les barbares, devait toujours surpasser celui des troupes romaines indigènes. Si le chiffre de 4,000 peut paraître trop fort, celui de 1,000 est bien moins admissible. Il faut bien admettre, en effet, que tous ces corps, composés d'infanterie et de cavalerie, aient été en nombre suffisant pour garnir cette multitude de camps où nous savons qu'ils étaient cantonnés.

Si l'on prenait pour bases de l'évaluation des contingents certaines règles militaires qui fixent à un nombre assez limité de mètres carrés le terrain nécessaire au campement de chaque soldat, ou qui exigent pour chaque camp un nombre d'hommes susceptible de garnir sans interruption la crête du parapet sur toute sa circonférence, on arriverait à des chiffres formidables évidemment inadmissibles. Il faudrait alors repousser l'occupation simultanée et complète des camps dits *châtelliers*, et supposer qu'elle n'a été que partielle et successive. Mais, dans ce dernier cas, le but que l'on avait poursuivi en les établissant eût été manqué. Les Bagaudes n'auraient pu être maintenus d'une manière efficace. D'un autre côté, les camps placés sur les rivages de la mer sans cesse exposés aux incursions des pirates n'ont pu être abandonnés un seul instant. L'occupation

(1) *La Bretagne du Ve au XIIe siècle*, 1863, p. 371.
(2) Végèce, liv. II, ch. VI.

simultanée paraît donc la seule rationnelle, la seule conforme aux nécessités qui avaient motivé la création des camps. Si l'on éprouve des difficultés invincibles pour retrouver l'effectif de leurs garnisons, il faut en conclure qu'on n'a pas suivi les règles rigoureuses de la tactique militaire ordinaire. En effet, les soldats des garnisons énumérées dans la *Notice* n'étaient pas, en général, des légionnaires, mais des colons étrangers accompagnés de leurs familles, à la fois agriculteurs et militaires. D'autre part, l'ennemi qu'on avait à combattre n'était ni organisé, ni aguerri, ni très nombreux ; c'étaient des paysans, des brigands. Les cantonnements distribués en si grand nombre sur tous les points n'avaient donc en vue que de les surveiller et d'empêcher les rassemblements. Lorsqu'un camp était attaqué, ce ne devait jamais être que par un assez petit nombre d'ennemis, et il pouvait être promptement secouru par la garnison des camps voisins. Dans ces conditions, il ne semble pas possible d'appliquer les règles ordinaires suivies par des armées régulières dans leurs campements, sous peine d'obtenir des résultats impossibles.

Les camps dits *châtelliers* ne devaient être occupés que par un nombre d'hommes relativement restreint, une sorte de gendarmerie ou troupe de police territoriale. Si les dimensions assez vastes de plusieurs d'entre eux comportent une garnison plus considérable, il ne faut pas perdre de vue que cet espace était nécessaire pour loger les familles de ces colons-soldats, ainsi que leurs chevaux, car il y avait certainement des corps de cavalerie. Il fallait bien aussi un espace suffisant pour l'installation des baraques, souvent couvertes en tuiles, ainsi que l'ont démontré quelques trouvailles faites dans leurs enceintes. D'ailleurs, il y avait certains camps plus vastes, plus forts et par suite contenant des garnisons plus nombreuses. Mais la plupart, dont les dimensions sont en général les mêmes, ne devaient être défendus que par un assez petit nombre de soldats, déduction faite des non combattants qui vivaient avec eux. Qu'on ne s'en étonne pas trop. Ce qui rendait les camps redoutables aux populations rurales insoumises, c'était leur multiplicité et leur distribution savante et symétrique, plutôt que le nombre des soldats garnissant chacun d'eux. La surveillance et la répression se faisant sentir partout à la fois devaient prévenir ou étouffer, dès l'origine, bien des insurrections locales sans importance. Il n'y aurait donc peut-être ni exagération ni invraisemblance historique dans la supposition d'une garnison de 50 combattants en moyenne par camp, sans compter leurs familles.

Maintenant essayons une évaluation basée sur cette hypothèse. En fixant le nombre des camps du Poitou à 200 environ, chiffre qui nous paraît très voisin de la vérité, et en plaçant 50 hommes en moyenne dans chacun, nous arrivons à un contingent de 10,000, ce qui ne paraît pas exagéré, si l'on réfléchit qu'il y avait en Poitou deux corps de Lètes, des Taifales et des Sarmates, sous un seul préfet. En Bretagne, où les camps doivent s'élever à 300, quoique nous n'en ayons relevé que 150 environ, par suite de l'insuffisance de nos renseignements, nous arriverions, d'après le même calcul, à un chiffre de 15,000 hommes commandés par les cinq préfets nommés dans la *Notice* (1). En Normandie, où les camps n'étaient pas moins nombreux, 300 également, nous aurions aussi 15,000 hommes, ce qui ne paraît pas exagéré pour les quatre préfets et le tribun qui s'y trouvaient à Rouen, Coutances, Avranches, Bayeux et Grannona, sans compter les Lètes Suèves qu'il y avait en outre à Coutances. Le Maine devait avoir 80 camps, quoique nous n'ayons pu en constater que 41. Par conséquent les Lètes Suèves qui y étaient cantonnés devaient monter à 4,000 hommes. Le préfet de Blaye pouvait avoir à sa disposition 1,500 hommes pour les 50 camps que devait contenir la Saintonge. La *Notice* n'indique point quels corps de troupes occupaient le Berry, la Touraine, l'Anjou, l'Angoumois, le Limousin, le Périgord, la Guienne, à l'exception de la cohorte de Bayonne. Cependant on y rencontre un grand nombre de camps absolument semblables, qui avaient bien aussi leurs défenseurs. Il faudrait alors les chercher parmi les corps sans désignation de résidence énumérés dans le chapitre VII, § I C, et § II B de la *Notice*.

Tous ces calculs d'effectifs ne sauraient donner, nous l'avouons, que des résultats très incertains. Le silence gardé par la *Notice* sur le nombre de soldats placés sous les ordres des préfets militaires qui

---

(1) Notre évaluation se rapprocherait, on le voit, de celle de M. de la Borderie, qui compte 4,000 hommes placés sous les ordres de chaque préfet de la *Notice*. Ce dernier chiffre serait donc bien plus en rapport que celui de 1,000 avec l'occupation simultanée des camps.

y sont énumérés, l'obscurité des historiens du temps sur l'effectif véritable des divers corps de troupes romaines, l'organisation très probablement distincte et différente, mais inconnue des colonies militaires de Lètes, laisseront toujours ce côté du problème que nous étudions dans la plus grande obscurité. Mais le point principal demeure acquis, c'est-à-dire l'existence de camps construits ou assis partout, d'après la même donnée, formant un vaste système d'ensemble destiné à contenir le pays d'une manière soit permanente et simultanée dans les moments troublés, soit partielle dans les temps calmes, et occupés par des colons militaires en général étrangers. D'ailleurs nous ne possédons l'état officiel des garnisons que pour la fin du IV° siècle. Il est fort possible qu'elles aient été augmentées ou diminuées suivant les circonstances plus ou moins critiques qu'on avait à traverser. Au v° siècle, la recrudescence de la Bagaudie et de la piraterie, aussi bien que des guerres civiles, dut exiger de plus grandes précautions. Par suite, les camps durent être plus fortement occupés et peut-être le nombre en fut-il accru.

§ XV. — Persistance des colonies militaires qui finissent par se fondre dans les populations.

Lors de la chute définitive de l'autorité romaine en Gaule, et après la défaite de Syagrius, dernier maître de la milice, par Clovis, à la fin du v° siècle, les garnisons romaines qui se maintenaient encore dans les pays Armoricains, entre la Seine et la Loire, se trouvèrent dans un cruel embarras. Un curieux passage de Procope, qui a été l'objet de bien des commentaires, nous apprend que ces troupes cantonnées aux extrémités des Gaules, ne sachant comment demeurer romaines et ne voulant point se retirer chez les Visigoths ariens, se rendirent, avec leurs étendards et le territoire qu'elles défendaient, aux Francs et aux Armoricains qui venaient de faire alliance et de se constituer en une seule nation. Elles conservèrent leurs mœurs, leurs habitudes, leur costume, leurs étendards qu'elles transmirent à leurs descendants qui formaient encore une population distincte au temps de Procope, c'est-à-dire au vi° siècle (1). Ainsi l'organisation des camps, *milites stationarii qui erant*

(1) D. Bouquet, *Recueil des historiens de France*, t. II.

in extrema Gallia, suivant l'expression même de l'historien, n'avait pas disparu à la fin du vᵉ siècle, du moins dans cette portion de la Gaule. Bien plus, elle semble avoir été conservée par les premiers rois Francs. Ainsi en advint-il sans doute des garnisons placées dans les autres provinces de la Gaule déjà conquises par les barbares, telles que celles situées au midi de la Loire, possédées en entier par les Visigoths depuis 475. On sait, en effet, qu'un commandant, nommé Nammatius, résidant alors dans l'île d'Oléron, faisait la guerre aux pirates.

Cependant, les circonstances politiques et sociales, déjà bien changées, se modifièrent encore davantage. Les camps devenant inutiles, leurs défenseurs, d'ailleurs très diminués, perdirent peu à peu tout caractère militaire pour ne conserver que celui de colon. Ils continuèrent à posséder et transmirent à leurs descendants les terres concédées à l'origine par le fisc romain à charge de service militaire. Les conquérants barbares, loin de changer quelque chose à cette organisation, l'adoptèrent en y ajoutant un élément nouveau apporté de la Germanie qui, en se combinant avec ce qui existait déjà, constitua le *beneficium* qui donna naturellement naissance au *feudum* du moyen âge (1). Les anciens colons militaires romains, principalement les Lètes, gardèrent longtemps leur individualité et ne se mêlèrent que lentement à la population voisine. Grégoire de Tours, au vıᵉ siècle, distingue formellement les Teifales des Poitevins. Les camps où ils avaient été cantonnés n'avaient plus leur raison d'être depuis la destruction de l'Empire. Beaucoup, dès lors abandonnés, se transformèrent en landes et bois épais. D'autres devinrent des centres d'exploitation agricole entre les mains de leurs anciens possesseurs, ou donnèrent naissance à des villages et même à des villes. D'autres enfin furent convertis en châteaux féodaux, et le seigneur n'eut qu'à construire son donjon sur la motte même du camp des anciens colons militaires, dont il était peut-être un descendant.

De toutes les considérations précédentes, nous pensons être autorisé à tirer les conclusions suivantes :

1° Tous les camps dits Châteliers, Châtelets, Châtelards, Châtres, Castera, etc..., sont des camps romains du ıvᵉ siècle ;

---

(1) *Droit public et administratif romain,* par Serrigny, t. I, p. 372.

2° Ils ont été créés principalement par Constance Chlore et Constantin pour résister aux pirates sur les côtes maritimes, et pour faire face aux Bagaudes dans l'intérieur ;

3° Ils ont eu pour garnison des colons militaires et surtout des Lètes barbares qui y ont résidé à ce titre, même après la chute de l'Empire (1).

(1) M. de la Noë, lors de la lecture de notre mémoire à la Sorbonne, en a combattu les conclusions en se basant sur l'impossibilité de trouver des garnisons suffisantes pour la défense de camps si nombreux. (*Bull. du Comité des Sociétés savantes*, 1884, p. 141, 144.) — Nous avions déjà prévu l'objection en faisant observer que les garnisons de ces camps n'appartenaient pas, en général, à l'armée régulière, aux légions, mais qu'elles n'étaient autre chose le plus souvent que des colonies de barbares auxiliaires, moitié agriculteurs moitié soldats, et accompagnés de leurs familles. M. de la Noë conteste, en outre, le caractère romain de nos camps dits *châtelliers*, en invoquant les règles classiques de la castramétation antique et le tracé régulier des camps, dont il a donné une longue description d'après César, Polybe, Hygin et Végèce, description inutile, puisqu'elle ne s'applique pas à la question. En effet, nous n'avons jamais prétendu que nos châtelliers fussent des ouvrages remontant aux beaux temps de l'organisation militaire des Romains. Ce sont des camps moins anciens et plus petits créés pour des nécessités inconnues jusque-là. D'ailleurs, qu'on ne l'oublie pas, un très grand nombre, peut-être la moitié, sont tracés avec la régularité et dans les conditions indiquées par Végèce. Quant aux autres qui sont irréguliers, c'est-à-dire qui n'affectent pas la forme carrée ou rectangulaire, Végèce les autorise formellement et a prévu les cas où ils seraient nécessaires. Or, Végèce est un auteur du iv° siècle, c'est-à-dire un contemporain de nos châtelliers. Il n'y a donc rien qui puisse infirmer leur origine romaine, et jamais on ne pourra démontrer qu'ils datent seulement du moyen-âge, dont on connaît parfaitement les forteresses si différentes.

Parlant du camp de Durestal (Hénansal, Côtes-du-Nord), M. Quicherat s'exprime ainsi : « Ces sortes d'ouvrages constituent les *castellum* du bas Empire. Partout où on les trouve on est sûr d'avoir devant les yeux des refuges préparés pour les populations qui eurent à se soustraire aux incursions continuelles des barbares pendant toute la durée du v° siècle..... Quantité de petits seigneurs du x° siècle n'eurent pas d'autre résidence que d'anciens *castellum* romains qu'ils remirent en état. Ils y trouvaient tout ce dont ils avaient besoin : un abri sûr pour les paysans de leur terre, une motte entourée d'ouvrages de défense qui avait supporté autrefois une tour à signaux, et sur laquelle ils se construisaient un donjon de bois. » (*Revue des Soc. savantes*, 1870, rapport sur diverses commun.)

Ces quelques lignes de l'illustre archéologue dont nous n'avons eu connaissance qu'après la rédaction de notre mémoire contiennent en germe presque toutes nos conclusions. Il considère donc comme étant d'origine romaine et du bas Empire, c'est-à-dire des iv° et v° siècles, les châtelliers du genre de celui de Durestal. Il admet aussi que les mottes des camps sont contemporaines et ont eu pour but de supporter les tours à signaux dont nous avons parlé d'après des textes du iv° siècle, et enfin qu'elles ont été utilisées par les seigneurs féodaux pour y asseoir leurs donjons primitifs. Nous sommes d'autant plus heureux d'avoir été conduit par nos recherches à une opinion si voisine de celle d'un des érudits les plus autorisés de notre époque, que nous l'avions complètement ignorée jusqu'à la fin de ce travail, et que nous sommes arrivé au même but par un autre chemin.

SECONDE PARTIE

STATISTIQUE DESCRIPTIVE DES CHATELIERS

L'énumération suivante des camps dits *chateliers* a été dressée d'après les observations faites sur place par de nombreux archéologues. Il est possible que le caractère romain de tous ces monuments ne soit pas démontré. Quelques-uns paraissent douteux, nous le reconnaissons. On pourra peut-être découvrir une origine différente pour plusieurs d'entre eux. Nous acceptons d'avance, sans embarras, les rectifications qui nous seraient présentées. Mais si l'on parvient à détacher un certain nombre de camps du système défensif établi, suivant nous, au IV° siècle, ce système n'en sera nullement ébranlé. Le nombre de ceux qui demeurent incontestables forme un faisceau trop puissant pour en être affaibli. Il y a là, croyons-nous, un grand fait historique que des erreurs de détail ne sauraient détruire.

POITOU

VIENNE

Le *Châtaillon*, commune de Saint-Clair (1).

La *Châtalière*, commune d'Usseau, ou Chastelere, d'après un acte de 1275 (2).

Châtalé, commune de Bonnes, ou Chastalier, d'après un acte de 1756 (3).

Le *Châtelard*, commune de Lathus (4).

Le *Châtelet*, commune d'Archigny (5).

---

(1) *Dictionnaire topographique de la Vienne*, par M. Rédet.
(2) Idem. — (3) Idem. (4) Idem.— (5) Idem.

Le *Châtelet*, commune de Charroux. Les traces de ce camp subsistent sur un plateau du coteau de la Roche, entre la Roche et le Breuil, sur le bord de la Charente et près d'une voie romaine. C'est une terrasse rectangulaire de 175 mètres de longueur, précédée de terrasses successives et de fossés, échelonnées sur le penchant du coteau (1).

Le *Châtelet*, commune de Marigny-Brizay (2).

Le *Châtelet*, commune de la Roche-Pozay (3).

Le *Châtelet*, commune de Thuré (4).

Le Champ *du Châtelet*, commune de Vouneuil-sous-Biard. Il existe dans ce champ, situé à 700 mètres du bourg, des restes d'une enceinte carrée dont la terre est parsemée de poteries romaines et d'ossements calcinés (5).

Le *Châtelier*, commune de Cenon (6).

Les *Châtelliers*, plateau situé au bout du faubourg Sainte-Catherine de la ville de Châtellerault (7). Ce fait tendrait à démontrer que c'est un camp romain qui a donné naissance à la ville de Châtellerault.

Le *Châtellier*, commune de Romagne (8). Ces deux dénominations indiquent suffisamment l'existence d'un camp romain. D'ailleurs, un retranchement demi-circulaire l'entoure encore sur un côté.

Les *Châtelliers*, commune de Bouresse. Il existe deux camps dans cette localité, entre Bouresse et la Clouère (9).

Les *Châtelliers*, près Faudré, commune de Brux (10).

Les *Châtelliers*. Tel est le nom porté par une rue et un ancien quartier de la ville basse de Chauvigny (11). On est autorisé à en conclure qu'un poste romain, probablement considérable, existait à l'origine sur le plateau de la haute ville où se voient aujourd'hui les célèbres châteaux du moyen âge. Cette colline, située sur le bord

---

(1) *Indicateur de l'arrondissement de Civrai*, par M. Brouillet.
(2) *Dictionnaire topographique de la Vienne*. — (3) Idem. — (4) Idem.
(5) *Rép. archéologique de la Vienne*, ap. Bulletin de la Société des Antiquaires de l'Ouest, t. IX, p. 232.
(6) *Dict. topographique de la Vienne*.
(7) Idem. — Plan de Châtellerault dressé en 1842.
(8) *Dict. topographique de la Vienne*.
(9) *Recherches sur l'ancien pays des Pictons*, par de Longuemar, 1863, p. 56-59 et 124. — *Mém. des Antiq. de l'Ouest*, t. XXVII.
(10) *Dict. topographique de la Vienne*. — (11) Idem.

de la Vienne et non loin du passage de la voie antique de Poitiers à Bourges, avait une trop grande importance militaire pour n'avoir pas été utilisée et fortifiée par l'administration romaine.

Les *Châtelliers*, commune de Chéneché (1). Les restes de retranchements d'un camp sont encore apparents dans un bois.

Les *Châtelliers*, commune de Fleuré (2).

Les *Châtelliers*, commune de Nouaillé. Il y a là dans une lande boisée une enceinte carrée avec retranchements en terre et fossés (3). Elle a 110 mètres de côté et est percée de deux portes à l'orient et au sud. Ses angles sont arrondis. Placée sur une hauteur, d'où l'on aperçoit le *camp de Carthage*, avec lequel on pouvait échanger des signaux.

Dans la forêt de Saint-Sauvant, non loin du hameau du Parc, existent deux camps situés dans un ténement ou canton dit les *Châtelliers*. Ces enceintes sont rectangulaires, entourées de parapets en terre et de fossés. L'une d'elles s'appelle *camp des Anglais* et mesure 100 mètres sur 200. C'est une des plus complètes que nous connaissions. L'autre, dite *camp des Français*, est située à 500 mètres. Ces dernières dénominations sont évidemment bien postérieures à celles beaucoup plus anciennes et plus vraies de *Châtelliers*.

Les *Châtelliers*, lieu dit, près de Lusignan, entre la gare et la Font-de-Cé.

Châtillon, commune de Couhé. Une enceinte oblongue de 400 mètres de longueur sur 100 mètres de largeur, s'étend sur le promontoire de ce nom, entouré par la Dive. Les remparts ont 6 et 10 mètres de hauteur et les fossés 15 et 20 mètres de largeur (4).

Châtillon, commune de Bussière (5).

Châtillon, commune de Sommières (6).

Les *Châtillons*, commune des Ormes (7).

La *Châtre*, commune de Moulime (8).

La *Châtre*, commune de Saint-Romain-sur-Vienne (9). Il existe

---

(1) *Dictionnaire topographique de la Vienne*. — (2) Idem.
(3) Idem. — *Rép. archéologique de la Vienne*. — *Carte monumentale de la Vienne et Recherches sur l'ancien pays des Pictons*, par de Longuemar.
(4) *Répert. archéologique de la Vienne*. — *Notes sur Couhé* par M. Lièvre, 201.
(5) *Dict. topographique de la Vienne*. — (6) Idem. — (7) Idem. — (8) Idem. — (9) Idem.

aussi près de ce bourg un mur dit *Sarrazinet*, près de la Vienne, qui a très probablement une origine romaine (1).

La *Châtre*, commune de Journet (2).

La *Châtre*, commune de Joussé. Ce camp subsiste encore. Sa forme est rectangulaire; ses dimensions sont de 130 mètres de longueur sur 56 mètres de largeur. Il est protégé par le Clain (3).

La *Châtre*, commune de Lhommaizé (4).

La *Châtre*, commune de Queaux. Il y a là plusieurs restes de retranchements (5).

La *Châtre*, commune de Saint-Rémy, arrondissement de Montmorillon (6). On y voyait encore, il y a vingt ans, des traces de fortifications en terre.

La *Châtre*, commune d'Usson. Cette enceinte, dite de la Plaine, est de forme rectangulaire et mesure 148 mètres sur 85. Elle est entourée d'un fossé et de remparts en terre de 2 mètres de hauteur. Trois portes y sont pratiquées (7).

La *Châtre-au-Talent*, commune de Genouillé. Ce camp rectangulaire a 130 mètres de longueur sur 75 de largeur. On y a trouvé des tuiles romaines et une hache en cuivre (8).

La *Châtre-Trafic*, commune de Genouillé. Ce camp est situé sur un plateau. On y a trouvé des tuiles à rebords et des briques romaines (9).

La *Châtre*, commune de Benassais (10).

La *Châtre*, commune de Lavausseau. On y voit plusieurs restes de retranchements (11).

Les *Châtres*, commune de Jazeneuil (cadastre S. D. 183-185). Il y a dans ce lieu une série de petits monticules et de trous qu'il n'est pas facile d'expliquer. Des fouilles seraient nécessaires (12).

(1) *Carte monumentale de la Vienne*, par de Longuemar.
(2) *Dict. topographique de la Vienne.*
(3) *Indicateur de l'arrondissement de Civrai*, par M. Brouillet.
(4) *Dict. topographique de la Vienne.*
(5) *Répert. archéologique de la Vienne* et *Carte monumentale de la Vienne.*
(6) *Dict. topographique de la Vienne.*
(7) *Indic. archéologique de Civrai.*
(8) Idem. — *Rép. archéologique de la Vienne.*
(9) *Indic. archéologique de Civrai.* — *Rép. archéologique.*
(10) *Dict. topographique de la Vienne.*
(11) *Répert. archéologique de la Vienne.*
(12) Idem.

Les *Châtelards* et les *Châtres*, commune de Thollet, arrondissement de Montmorillon (1).

Les *Châtres*, commune de Brigueil-le-Chantre (2).

Le *Château*, commune de Bellefond (3).

Le *Château*, commune de Nalliers (4).

Châteaufort, commune de Targé, appelé *castrum forte* dans un titre de 1404 (5).

Châteaufou, près Bellevue, commune de Queaux (6).

Le Champ *de Guerre*, commune de Jazeneuil (cadastre S. B. 53). Il existe dans ce lieu, près du Coudreau, un camp bien caractérisé que nous avons observé nous-même. Les remparts de terre en sont très apparents. Il est rectangulaire et mesure 200 mètres de longueur sur 150 de largeur.

Camp *de César*, commune de Liglet. Une enceinte en terre y subsiste encore (7).

Camp *de César*, commune de Thollet.

Camp *de Carthage*, commune de Mignaloux-Beauvoir. L'enceinte de ce camp, avec ses remparts en terre et ses fossés, existe encore à la Chaboicière, non loin de la voie romaine de Poitiers à Limoges. Elle est de forme rectangulaire. Il s'y trouve un puits ancien, maçonné en pierres appareillées (8). Une monnaie impériale romaine en or, fort bien conservée, a été découverte dans l'intérieur du camp.

Camp *d'Anzec*, près de Fontenelle, commune de Saint Julien-Lars. Cette enceinte rectangulaire, située au nord du bourg de Saint-Julien, a conservé une très forte levée en terre (9).

Camp *du Bois-des-Douves* ou de Châteauneuf, au sud de Saint-Julien-Lars. C'est une enceinte rectangulaire, munie d'une seule porte et défendue par un cavalier sur une de ses faces. Ces deux

---

(1) *Bull. des Antiq. de l'Ouest*, t. II, 2ᵉ série, p. 475.
(2) *Bull. des Antiq. de l'Ouest*, t. II, 2ᵉ série, p. 476.
(3) *Dict. topographique de la Vienne*.
(4) Idem.
(5) Idem.
(6) Idem.
(7) *Carte monumentale de la Vienne*, par de Longuemar, ap. *Bull. des Antiq.*, t. XIII, p. 83.
(8) *Répert. archéologique de la Vienne*, *Mém. des Antiq.*, t. XXVII, et *Recherches sur l'ancien pays des Pictons*, par de Longuemar.
(9) *Répert. archéologique de la Vienne*. — *Recherches sur le pays des Pictons*. — *Mém. des Antiq.*, t. XXVII.

derniers camps étaient à cheval sur la voie romaine de Poitiers à Bourges (1).

Camp *de Mougon*, sur la rive gauche du Clain, au nord de Vivonne. « Villa Melgone cum ipsa castra. Castrum in villa Meugon. » C'est une enceinte irrégulière, en face un passage du Clain, entre la Gruzalière et Mougon (2).

Camp *de Céneret*, commune de Quinçai. Ce vaste plateau en forme de promontoire est presque complètement environné par un repli de l'Auxance (3). Il est fermé à la gorge par un retranchement en terre fortement mélangé de pierres dans lequel est pratiquée une porte. Ce rempart a subi l'action évidente d'un feu violent et pourrait, jusqu'à un certain point, rentrer dans la classe des murs vitrifiés qu'on a observés sur divers points de la France sans pouvoir les expliquer d'une manière satisfaisante. Le camp de Céneret n'est probablement pas romain. On pourrait plus justement le considérer comme un oppidum celtique. Plusieurs archéologues lui font jouer un rôle assez important dans la campagne de Clovis contre Alaric, en 507. Mais malgré son voisinage de Vouillé, le très court et très précis texte de Grégoire de Tours, relatif à cette célèbre bataille, ne contient rien qui puisse justifier leurs assertions. L'oppidum de Céneret remonte très probablement à l'époque gauloise, ainsi que tendrait à le démontrer la découverte d'une importante sépulture d'un chef gaulois, brûlé et enseveli sur son char, non loin du rempart du camp. (*Bull. des Antiq. de l'Ouest*, 4ᵉ trim. 1884, p. 388, Compterendu des fouilles de cette sépulture opérées par M. Gaillard de la Dionnerie.)

Camp *de Sichard*, commune d'Anché. Le promontoire élevé sur lequel il est assis est entouré par le Clain et fermé à la gorge par un agger en terre, et un fossé de 470 mètres de longueur (4). Il est trop vaste et trop irrégulier pour être considéré comme un camp romain. C'est bien plutôt, ainsi que Céneret, un oppidum celtique.

---

(1) *Mém. des Antiq.*, t. XXVII.— *Rép. arch. de la Vienne.*—*Rech. sur le pays des Pictons.*
(2) *Mém. des Antiq.*, t. XXVII.— *Rech. sur le pays des Pictons.*— *Rép. archéologique*, p. 251 du tome IX des *Bull. des Antiq.*
(3) *Répert. archéologique de la Vienne.*
(4) *Indic. archéologique de Civrai.*

On lui a attribué également un rôle fort peu justifié dans la guerre de Clovis et d'Alaric.

Camp *de la Bergerie* appelé *Champ des Montagnes*, commune de Saint-Martin-Lars, situé sur le Clain, à 2 kilomètres de Mauprevoir. Ce camp, dont le caractère est certainement romain, se compose de deux enceintes juxtaposées séparées par un fossé de 13 mètres de largeur sur 6 mètres de profondeur. La première, de forme carrée, a 58 mètres sur chaque face. La seconde mesure 58 mètres de longueur sur 30 de largeur. Les fossés qui entourent tout le camp ont 8 mètres de largeur. Il y a trois portes dans la petite enceinte et une autre qui pénètre dans la grande par le fossé intermédiaire (1).

Camp *de la Gannerie*, appelé *les Redoutes*, commune de Mauprevoir. Cette enceinte, située sur le Clain, à 200 mètres seulement du camp de la Bergerie, est de forme rectangulaire et mesure 135 mètres de longueur sur 80 de largeur. Elle n'a qu'une seule porte. Une seconde enceinte de 25 mètres de largeur l'enveloppe de trois côtés et est défendue par des fossés de 8 mètres de largeur. Trois portes y sont pratiquées. Les fossés qui séparent le camp rectangulaire de la seconde enceinte ont 13 mètres de largeur sur 6 de profondeur. Il faut signaler dans le voisinage de ces deux camps, à 2 kilomètres, l'existence du village du Peu-de-Bataille, dont le nom ne manque pas ici d'une certaine signification (2).

Motte *de Bonnezac*, commune de Châtain. Cette motte, de forme ovale, haute de 6 à 8 mètres, située à mi-côte, est entourée d'un fossé de 11 mètres de largeur, et mesure 157 mètres de circonférence. Son sommet est creusé et a 17 mètres sur 6 d'étendue (3). Cet ouvrage ne peut pas être considéré comme un camp proprement dit; mais c'est une redoute sur laquelle s'élevait une tour isolée, un poste d'observation d'origine romaine. Les textes du code Théodosien et d'Ammien Marcellin mentionnent ces tours militaires destinées à surveiller les frontières, les grandes voies et les campagnes. La Motte-de-Bonnezac est située près d'une voie romaine. Non loin d'elle ou

---

(1) *Indic. archéologique de Civrai.*— *Répert. archéologique de la Vienne.*
(2) *Indic. archéologique de l'arrondissement de Civrai.* — *Répert. archéologique de la Vienne.* — (3) Idem.

remarque le champ de la *Bataille*, le champ de la *Mort*, le pré des *Soldats*.

Dans le bois de Villasson, commune d'Asnois, existe une enceinte rectangulaire de 100 mètres sur 35, adossée à une autre enceinte carrée. Les fossés ont 3 mètres de largeur. Ce camp n'a qu'une seule porte (1).

Une autre enceinte plus petite et carrée, mesurant 20 mètres sur chaque face, se trouve à la Touchette, commune de Saint-Romain. Les fossés ont de 3 à 4 mètres de largeur (2).

Dans le bois des Chebasseries, près les Malpierres, commune de Charroux, on rencontre deux petites enceintes carrées de 10 mètres. L'une est munie de deux portes; l'autre n'en a qu'une seule (3).

Le Camp *du Saudours* ou *des Anglais*, commune de Charroux, est un rectangle de 138 mètres de longueur sur 97 de largeur, entouré d'un fossé de 8 à 10 mètres de largeur, et de remparts en terre de 5 à 6 mètres de hauteur. Il est muni de trois portes et défendu au sud par une autre petite enceinte de 25 mètres sur 18. On y a trouvé des tuiles, des poteries grossières et un anneau de plomb (4).

Le Camp *du Grand-Autel*, commune de Charroux, situé à un kilomètre du précédent, sur un point élevé, est un parallélogramme de 70 mètres sur 55 environ. On y a découvert des tuiles et des poteries romaines (5).

Le Camp *de Chez-Blaud*, près Charroux, est formé d'une enceinte intérieure de 44 mètres sur 35, avec fossé de 10 mètres, environnée d'une autre enceinte extérieure de 85 mètres sur 75, avec fossé de 5 mètres. Une porte ouvre à l'est dans les remparts de chacune d'elles (6).

Le Camp *du Bois-Branger*, commune de Charroux, est formé, comme le précédent, de deux enceintes concentriques, l'une intérieure de 53 mètres sur 43. Il renferme trois tumulus de 1 m. 50 de hauteur et de 35 mètres de circonférence (7).

---

(1) *Indic. archéologique de Civrai.*
(2) Idem.
(3) *Indic. archéologique de Civrai.*
(4) Idem. — *Répert. archéologique de la Vienne.*
(5) Idem.
(6) Idem. — *Répert. archéologique de la Vienne.*
(7) *Répert. archéologique de la Vienne.*

Le Camp *de Château-Garnier* était situé sur un plateau près du champ de foire. Il était carré. Les retranchements en terre, de 6 à 7 mètres de hauteur, sont en partie abattus (1).

Motte *de la Ferrière*. C'est un cône tronqué de 6 mètres de hauteur, environné d'un fossé de 8 à 10 mètres de largeur et d'un agger, le tout formant une circonférence de 140 mètres. On y a trouvé des tuiles et des briques (2).

Motte *de Villiers*, commune de la Ferrière, semblable à la précédente. On y a trouvé des tuiles et poteries romaines (3).

Dans le village de Tassay-Servant, commune de Chaunay, existe une enceinte de 130 mètres sur 120, renfermant une autre enceinte de 70 mètres sur 60, entourées l'une et l'autre par des fossés de 10 mètres de largeur (4).

Camp *de Bonneuil*, commune de Saint-Martin-la-Rivière. L'enceinte de ce camp, situé sur la berge gauche de la Vienne, a disparu. On y a fait une importante découverte de monnaies gauloises et romaines (5). On a prétendu qu'il était l'œuvre des lieutenants de César, lorsqu'ils vinrent dégager le chef picton Duratius, assiégé dans Limonum par Dumnacus, chef des Andes. S'il en était ainsi, ce camp ne rentrerait pas dans le système de ceux dits *châtelliers*, qui ne remontent qu'au IVe siècle. Mais il est bien difficile de connaître d'une manière certaine le campement des lieutenants de César.

La Motte *au Dognon de Haute-Flotte*, commune de Saint-Cyr. Cette fortification, située sur la voie romaine de Poitiers à Tours, a été étudiée par M. de Longuemar, qui en a constaté le caractère romain bien accusé (6).

Motte *de la Bâte*, commune d'Usseau, ouvrage romain d'après M. de Longuemar (7).

La *Citadelle*, lieu dit de la commune de Vouneuil-sur-Vienne (cadastre S. A. 162), près du château de Chitré, sur un point très

---
(1) *Indic. archéologique de Civrai*.
(2) Idem.
(3) Idem.
(4) *Indic. archéologique de Civrai*, p. 274.
(5) *Mém. des Antiq.*, t. XXVII. — *Répert. archéologique de la Vienne*. — Recherches sur l'ancien pays des Pictons.
(6) Carte monumentale de la Vienne. — *Mém. des Antiq.*, t. XXVII.
(7) Carte monumentale de la Vienne.

élevé. Tout près de là on rencontre d'autres lieux dits, la *Dispute*, la *Mothe*, la *Grosse-Mothe* (S. C. 161, 80, 95). Il nous semble trouver là les indices d'une fortification antique contemporaine des précédentes.

La *Tiffaille*, commune de Mouterre (1). Cette dénomination, aussi bien que celles qui suivent, nous a conservé le souvenir caractéristique et certain d'un campement des Teifales auxiliaires de l'Empire, que la notice nous montre établis en Poitou au iv° siècle.

La basse et la haute *Tiffaille*, commune de la Chapelle-Montreuil (2).

La *Tiffaille*, près la Chatille, commune de Béthines. Le souvenir de cet autre campement Teifale, aujourd'hui disparu, a été conservé par un ancien texte de 1248 : *Tiffailla* in parrochia de Acuguirande (3).

Les *Tiffalières*, commune de Liniers (4).

La *Tiffannelière*, commune de Celles-Levêquault (5). Celles-Levêquault n'est autre que le *castrum Sellense* de Grégoire de Tours, où le duc Austrapius, devenu évêque avec la promesse de succéder au titulaire de Poitiers, fut tué au vi° siècle par les Teifales, descendants de ceux établis au iv° siècle. C'est en vain que M. Longnon l'a cherché bien loin de là à Champtoceaux (*castrum celsum*), sur la Loire. Cette localité n'appartenait point au diocèse de Poitiers, ou du moins il manque d'éléments suffisants pour le prouver. S'il est vrai que le pays de Retz en dépendait alors, rien ne démontre qu'il comprenait Champtoceaux qui en est très éloigné. Tiffauges, résidence d'une colonie Teifale, dont la situation prétendue voisine a été invoquée pour justifier l'attribution à Champtoceaux du théâtre de la mort tragique d'Austrapius, en est encore plus éloigné. D'ailleurs, Tiffauges n'est pas le seul poste de ces étrangers; il y en avait sur plusieurs points du Poitou. Celles-Lévêquault se trouve en plein pays Teifale, comme l'indiquent si bien les lieux dits du voisinage, la *Tiffannelière*, la haute et la basse *Tiffaille*. Il est même probable que Lusignan, situé tout près de là et dont l'assiette est si forte, si

---

(1) *Dict. topographique de la Vienne.*— (2) Idem.
(3) Cartul. de la Chatille, ap. *Arch. hist. du Poitou*, t. VII.
(4) *Dict. topographique de la Vienne.* — (5) Idem.

naturellement indiquée pour servir de poste militaire, a été le siège principal de la colonie Teifale dans le pays, peut-être même la résidence du chef. M. Desaivre, dans sa belle dissertation sur Mellusine, a rappelé avec raison, d'après M. Cardin, qu'un commandant romain, Licinius ou Lucinius, avait très probablement donné son nom à la ville de Lusignan, et qu'il n'y avait là à l'origine qu'un camp romain (1). Ce commandant, c'est peut-être le préfet des Teifales auxiliaires de la Notice du IV° siècle. Il est très admissible que ce peuple, d'origine Scythe, ait apporté d'Orient la fameuse légende de la fée Mellusine (2). Leurs descendants du VI° siècle, en partie campés dans le pays environnant, n'ont pu tuer Austrapius ailleurs qu'à Celles-Levêquault. Cette localité, il ne faut pas l'oublier, était un des plus anciens domaines des évêques de Poitiers, puisqu'on le fait remonter, avec assez de raison, à saint Hilaire. De là son importance. On sait, en effet, qu'il était doté d'un chapitre assez nombreux. Il est donc tout naturel d'admettre qu'on l'a attribué comme dotation ou bénéfice à Austrapius après sa consécration épiscopale, et que celui-ci y a résidé en attendant la mort de l'évêque de Poitiers auquel il devait succéder. C'est donc là qu'était placé le « castrum sellense » de Grégoire de Tours, c'est-à-dire un des campements des Teifales auxiliaires du IV° siècle. Par conséquent, cette position rentre parfaitement dans le système des camps dits châtelliers, établis par l'administration romaine. L'existence de ruines et de débris antiques du côté de la Tiffannelière fournit, en outre, un argument nouveau qui ne manque pas de force.

DEUX-SÈVRES.

Les *Châteliers*, commune d'Amailloux (cadastre S. D. 359, 431, 432, 433 et S. E. 59) (3).

Le *Châtelier*, commune d'Ardin (4).

(1) *Le Mythe de la Mère Lusine*, par Léo Desaivre, ap. *Mém. de la Soc. statist. des Deux-Sèvres*, 1882. — L'emplacement du camp de Lusignan est d'ailleurs indiqué par le lieu dit les *Châtelliers*.
(2) Pour M. Blacher, Mellusine appartient à la mythologie indienne.
(3) *La Gâtine hist. et monum.*
(4) *Dict. géogr. des Deux-Sèvres*, par Beauchet-Filleau.

Le grand et le petit *Châtelier*, commune des Aubiers, près les Roussières (1).

Le *Châtellier*, commune de Cherveux (2).

Le *Châtellier*, commune de Magné, sur la Sèvre-Niortaise, non loin de la Tiffardière (3). Il y avait là évidemment un campement et une colonie de Teifales.

Le petit *Châtellier*, commune de Mazières-sur-Béronne (4).

Le *Châtellier*, commune de Missé, sur la rive gauche du Thoué, près du Doret (5).

Le *Châtellier*, commune de Sainte-Eanne (6).

Le *Châtellier* de Maulais (7).

Le *Châtellier*, commune de Saint-Jean-de-Bonneval, sur le sommet d'une colline. Des tuiles et poteries romaines ont été trouvées à 1 kilomètre de ce camp dans le clos du vicomte (8).

Le *Châtellier*, commune de Sanzay (9).

Le *Châtellier*, commune de Sepvret (10).

Le bois *des Châteliers*, non loin de Fougeré, dans la commune de Nanteuil. Il y a là un camp en forme de rectangle, avec ses retranchements et ses fossés. Ses dimensions sont de 125 mètres sur 80. Les fossés ont environ 10 pieds de profondeur. Près de l'une des portes on a trouvé plusieurs petits bronzes de Tétricus, Domitien et Néron (11).

Le grand et le petit *Châtelier*, sur une éminence près du Pairé et de Trémont, dans la commune de la Mothe-Saint-Héraye.

Les *Châtelliers*, commune de Fontperron (12). On aperçoit dans le bois voisin de l'abbaye de ce nom des traces des anciens retranchements.

Les *Châtelliers*, commune de Périgné (13).

(1) Idem. — *Hist. de Bressuire.*
(2) *La Gâtine hist.* — *Dict.*
(3) *Dict. géogr. des Deux-Sèvres.*
(4) Idem.
(5) *Hist. de Thouars*, par Imbert. — *Dict. géogr.*
(6) *Dict. géographique.*
(7) *Hist. de Thouars.*
(8) *Dict. géogr.* — *Hist. de Thouars.*
(9) Idem. — *Hist. de Bressuire.* — (10) *Dict. géog.*
(11) Renseignement donné par M. Alfred Richard, archiviste de la Vienne.
(12) *Dict. géogr.* — *La Gâtine hist.*
(13) *Dict. géogr.*

Les *Châtelliers*, commune de Sauzé-Vaussais (1).

Les *Châtelliers*, commune de Secondigny. Tout près de là se trouvent les champs du *Châtre*, de *l'Armée* et de la *Bataille* (cadastre S.B. 260, 261 et S. A. 370) (2).

Le *Châtellier*, commune de Chambroutet (3).

Le *Châtellier*, commune de Cirières (4).

Le *Châtellier*, commune de Fenioux (5).

Le *Châtellier*, commune de la Ferrière (6).

Le petit *Châtellier*, commune de Noireterre (7). Non loin de là, dans Saint-Porchaire, existait, d'après un titre de 1420, la *Romaiere*, souvenir des Romains.

Le *Châtellier-Monbault*, indiqué comme étant dans la paroisse de Boesse par un ancien titre des archives des Deux-Sèvres (8).

Les douves *des Châtelliers*, entre Caunay et Sainte-Soline. C'est une motte entourée de fossés sur laquelle il y avait sans doute une tour d'observation (9).

Le *Châtellier-Pairé*, ancien nom disparu du château de Pairé, commune de la Pératte. Près de là se trouvent les champs de la *Dispute* et du *Château*, sur les bords du Thoué (cadastre S. A. 55 et S. F. 588, 589) (10).

Le *Châtelier*, enceinte carrée, commune de Saint-Marsault, sur la rivière d'Hière et non loin du lieu dit la *Bataille* (11).

Le *Châtellier* au village des Gerbaudières, commune des Moutiers, sous Chantemerle. Le camp se trouvait là sur un point culminant, près de la voie romaine dite des Chaussées, venant de l'Absie et se dirigeant vers Saint-Pierre-du-Chemin (cadastre S. A. 528, 530-536).

Champs *des grands Châtelliers*, et des deux *petits Châtelliers*, commune du Tallud, situés près du pont Soutain et de la Haute et Basse-Vergne (cadastre S. D. 67, 69, 70).

Champ et bois *du Châtellier*, commune de Saurais, entre la Barre et la Sapinière (cadastre s. C. 45, 46).

(1) *Dict. géogr.*
(2) *La Gâtine hist. et monum.*
(3) *Dict. géogr.* — (4) Idem. — (5) Idem. — (6) Idem.
(7) Idem. — *Hist. de Bressuire.*
(8) Invent. H, 52.
(9) *Notes sur Couhé*, par Lièvre.
(10) *La Gâtine hist. et monum.*
(11) *Poitou et Vendée*, par Fillon, art. des Lucs, p. 3.

Champ *du Châtellier*, commune de Moutiers (cadastre S. A. 593).

Le *Châtellier*, commune de Faye-l'Abbesse (cadastre S. A. 394-400). Non loin, dans le bois la Dame, près de la Folie, se trouvent des traces d'un camp et de ses fossés.

Champs *du Châtelet*, commune d'Allonne (cadastre S. D. 215, 218), non loin de la voie romaine des Chaussées.

Champ *du Châtelet*, commune de Champdeniers, où l'on a découvert des tuiles à rebords et autres débris romains (1).

Les champs *du grand et du petit Châtelet*, près du château des Mottes, commune de la Chapelle-Saint-Laurent. Ils sont séparés par une grosse motte entourée d'un vaste et profond fossé. Près de là se trouve le champ *du Chêne du Débat* (2).

Dans la ville même de Thouars, il existait autrefois une très ancienne église collégiale antérieure au xie siècle appelée *Saint-Pierre-du-Châtelet*. Elle était située près du château. D'après un document de 1484, le *Chastelet* où était l'église collégiale constituait une sorte de petite forteresse particulière dont les murailles tombaient alors en ruines, et qui communiquait au château par une petite porte (3). Près de l'église de Saint-Pierre un carrefour portait le nom *Tiffauges*, dénomination bien caractéristique surtout si on la rapproche de celle du Châtelet. C'est un acte de 1637 qui nous l'apprend (4). Dans les dépendances du château, on a trouvé beaucoup de tuiles à rebords et un fragment d'épitaphe païenne. Une voie romaine a été également découverte sous le sol moderne de la ville, en 1863. Elle a été suivie depuis la rue Saint-Médard jusqu'à la rue du Château, d'où elle devait gagner le pont Saint-André sur le Thoué qui existait dès le xie siècle. Enfin une grande motte de 40 pieds de hauteur fut rasée en 1635 pour la reconstruction du château. Il est possible, il est vrai, que cet ouvrage ait servi à supporter le donjon primitif du moyen âge (5). Quoi qu'il en soit de tous ces faits, on est en droit de conclure qu'un camp romain de Teifales était assis sur le plateau du château moderne et a donné naissance à la ville, comme à Châtel-

---

(1) *Bull. de la Soc. de statist. des Deux-Sèvres*, t. III, p. 156.
(2) *La Gâtine hist. et monum.*
(3) *Hist. de Thouars*, p. 206, 207.
(4) Pièce provenant de la collection Deniau, de Poitiers, aujourd'hui aux arch. de la Vienne.
(5) *Hist. de Thouars*, p. 12 et 9.

lerault et à Chauvigny. La position de Thouars était trop avantageuse pour avoir été négligée. Du haut de ce promontoire, le camp, soutenu par les *Châtelliers* de Saint-Jean et de Missé et par les *Châtres* des Hameaux, de Louzy et de Taizé, dominait au loin le pays environnant.

Champ *du Châstelais*, commune de Beaulieu-sous-Bressuire (cadastre S. C. 74, 75).

Saint-Vincent *de la Chastre*, ainsi nommé dès 1326, est une paroisse qui s'est établie près d'un camp romain (1).

La *Châtre*, commune des Hameaux (2).

La *Châtre*, commune de Louzy (3).

La *Châtre*, commune de Taizé (4).

La *Châtre*, commune de Vasles (cadastre S. E. 293, 465, 467), près de laquelle on rencontre les champs de la *Dispute*, des *Débats* et du *grand Débat* (cadastre S. 324, 466, 535, 536) (5).

La *Chartrie* et les *Chartrains*, commune du Busseau (cadastre s. C. 548-550, 555). Près de là, on remarque le champ *du Fossé* (cadastre S. C. 547) et le champ de la *Dispute* (S. A. 62).

Châteaux, village près du bourg et de la célèbre abbaye de Saint-Jouin-de-Marnes, dont il était une dépendance. Une bulle de 1179 le désigne sous le nom significatif de *sanctus Petrus de Castellis* (6). Non loin de là, près du bourg, se trouve le lieu dit *fief Bataille* (cadastre S. F. 721-791, 806-902).

Brande *du Château-Vert*, au village de la Roche, commune de Clessé (cadastre S. D. 140, 141, 142), et verger de la *Citadelle*, même commune près le Verger (S. E. 333, 555). Dans la même commune de Clessé sur le chemin de Traye, près la Gorère, on remarque la lande *de la Bataille* (S. C. 274).

Les Champs *du Château* et *des Châteaux*, près de la Faselière, sur un point culminant, commune de Vernou (cadastre S. D. 149, 159, 176, 179, 177, 178, 218-222), non loin de l'ancienne voie des chaussées.

Le Champ *des Châteaux*, tout près du bourg de Vernou (S. A. 308).

---

(1) Arch. de la Vienne, G, 7, l. 96.
(2) *Hist. de Thouars.* — (3) Idem. — (4) Idem, 15.
(5) *La Gâtine hist. et monum.*
(6) Cartul. de Saint-Jouin.

On y remarque à l'extrémité supérieure sur la hauteur une motte d'un volume assez considérable, de 12 mètres de diamètre environ. Les fouilles que nous y avons fait pratiquer nous ont prouvé que ce n'était point un tumulus funéraire. On n'y a découvert qu'un objet en bronze indéterminé, d'origine probablement romaine. Il faut donc y voir une de ces mottes qui accompagnent souvent les camps romains les plus complets et les mieux conservés.

Champ *du Château*, près la Barralière, commune de Saint-Aubin-le-Cloud (cadastre S. G. 340, 341, 361).

Champ *du Château* à la Pionnière, commune de la Pératte (S. B. 159), près du champ des *Batailles* (S. B. 165, 167) (1).

Les *Châteaux*, commune de Busseau (s. E. 652, 653), lieu dit situé près des champs dits la *Vieille ville* et les *Fosses aux morts* (S. E. 482, 501, 515; 304-306, 346, 347).

Champs et bois *du Château*, près la Forestrie, commune de Saint-Pardoux (cadastre S. B. 97, 99, 164). On remarque aussi dans la même commune les champs des *Mottes*, près de la Boucherie (S. F. 5-8, 19-23, 41), sur la voie romaine des chaussées. Enfin, à Château-Bourdin, même commune, se trouve le champ *Carré* (S. G. 86). Il devait y avoir un camp, soit dans ces trois lieux dits, soit dans l'un d'eux au moins.

Le *Château*, lieu dit de la commune de Voultegon, près du Chiron (S. C. 109), non loin d'autres lieux dits *la Bataille* (S. B. 65) et les *Sarrazins* (S. D. 278, 279).

Le champ *du Château*, près de Chantebuzin, commune de Vautebis (S. A. 10), voisin du champ *des Débats* (S. A. 35).

Château-Roux, commune de Gourgé. *Château-Chardon*, commune du Beugnon. Le *Château*, commune de Boussais. Le *Château*, commune de Montravers. Le *Château*, commune de Séligné. Le *Château*, commune de Traye. Le *Château*, commune de Xaintray. Les *Châtelleries*, commune de la Ronde (2).

Châtillon, commune de Boussais. On a trouvé quelques débris romains dans les champs voisins.

Château-Mailloche, lieu dit dans les jardins du bourg de Châtillon-

---

(1) *La Gâtine hist. et monum.*
(2) *Dict. géogr. des Deux-Sèvres.*

sur-Thoué, où se trouvait un camp carré indiqué par une ancienne carte du diocèse de 1716. Les retranchements, déjà en partie disparus, ont été nivelés depuis, et leur enlèvement a amené la découverte d'ossements humains et d'un fer de lance. Ce camp était placé, comme tous les autres, sur une éminence (1).

Château-Mailloche, lieu dit situé à Parthenay, à l'extrémité d'un des promontoires qui dominent la basse ville (2).

Château-Sarrazin, situé près de la Bimboire, commune de Saint-Sauveur-de-Givre-en-Mai. Ce camp rectangulaire n'a conservé qu'un de ses retranchements qui mesure 100 mètres de longueur (3). Cette dénomination de *sarrazin* était donnée communément au moyen âge à tous les ouvrages des Romains. C'est là un fait acquis et un indice précieux qui ne trompe pas dans les recherches.

Château-Sarrazin, près Rom, l'antique *Rauranum* de la table de Peutinger. Un édifice romain assez remarquable vient d'être découvert dans cette localité. L'attribution d'oratoire privé qui lui a été donnée nous semble bien hasardée. Les fouilles ont fait sortir du sol des objets romains bien caractérisés, et parmi les monnaies, l'une au nom et au type de Crispus, frappée en 321. On a dit que le *Château-Sarrazin* de Rom n'était pas un châtellier, et que, malgré cette dénomination donnée souvent à des ruines romaines, il n'était pas impossible que les Sarrazins eussent occupé et ruiné ce point. (*Bull. de la Soc. de stat. des Deux-Sèvres*, avril-juin 1883, p. 251 et suiv.) S'il est vrai qu'il n'y ait plus ou qu'on n'ait pas encore découvert de traces de camp romain à *Château-Sarrazin*, il semble impossible de nier l'existence d'un ouvrage de ce genre et de cette époque dans un lieu dont le nom est semblable aux désignations de tant d'autres points où se rencontrent des ruines identiques. Rappelons notamment le *Château-Sarrazin* de Saint-Sauveur, qui a conservé les traces certaines d'un camp romain. L'édifice romain découvert près de Rom a dû être détruit bien avant l'invasion des Sarrazins, qui n'ont peut-être jamais passé là. Le nom que porte le lieu où il se trouve ne s'applique point à lui, puisque ce n'est pas un camp, mais à un châtellier qui a dû nécessairement exister dans le voisinage et que l'agriculture aura nivelé.

(1) *La Gâtine hist. et monum.* — (2) Idem.
(3) *Hist. de Bressuire.*

Dans le lieu dit *les Forts*, près de Saint-Chartre et de la Simnaudière, commune de Saint-Martin-du-Fouilloux, sur un des points les plus culminants du pays, existe un camp dont le caractère romain est parfaitement accusé, et qui, en même temps, est un des plus remarquables par sa conservation. Sa forme est rectangulaire. Il a 105 mètres de longueur sur 92 mètres de largeur. Les fossés existent sur tout le périmètre. Les remparts en terre ont 6 mètres d'épaisseur. Les angles sont nettement accusés. Une ouverture, la porte décumane, pratiquée dans le rempart, du côté de l'Orient, conduit dans un autre retranchement carré de même largeur, mais bien moins long (46 mètres), dont les parapets sont encore très épais et très élevés. L'ensemble forme un rectangle régulier de 150 mètres sur 92 (1).

Les *Forts*, nom d'un hameau, commune des Échaubroignes, souvenir probable d'une ancienne fortification (2).

Champ *du Petit-Camp*, près des Eules, commune de Saint-Aubin-de-Baubigné (cadastre S. C. 209), et voisin des lieux dits l'*Armée* et la *Petite-Armée* (S. C. 271-274).

Camp *des Houlleries*, dit *des Anglais*, commune de Saint-Aubin-de-Baubigné. C'est un ouvrage romain bien caractérisé, malgré sa dénomination qui se retrouve ailleurs et qui ne prouve rien à cet égard. Ce camp était rectangulaire. Deux de ses côtés subsistent encore avec leurs fossés (3).

Le *Fort-Anglais ruiné*, ainsi indiqué sur la carte de Cassini, à la Tavelière, près de Saint-Projet, n'est pas autre chose également qu'un camp romain de forme rectangulaire (4).

Le Fossé *de la Mère-Lusine*, situé sur le chemin de Niort à Parthenay, à la limite des communes de Mazières et de Champeaux, pourrait bien avoir aussi la même origine, ainsi que les retranchements voisins des bois d'Arpentéreaux (5).

Les Mottes *de Germon*, commune de Germon, dont les retranchements et la physionomie ont été bouleversés par l'agriculture, devait

---

(1) *La Gâtine hist. et monum.*
(2) *Dict. géogr. des Deux-Sèvres.*
(3) Congrès archéologique de Saumur en 1862, p. 57.
(4) *La Gâtine hist. et monum.*
(5) *Le Mythe de la Mère-Lusine*, par M. Desaivre, p. 176, 177.

être aussi un poste romain d'une grande importance. Des ruines et des objets de cette époque y ont été découverts (1).

La *Tiffardière*, commune de Saint-Liguaire.

Tiffaut, commune de Genneton (2).

La *Tiffonnière*, commune de Chapelle-Gaudin (3).

La *Tiffaille*, *Tifalia*, ainsi désignée par un titre de 1091, était située, d'après ce document, sur le ruisseau de la fontaine de Saint-Remi, commune de Mazières-en-Gâtine. Ce lieu dit a complètement disparu (4).

La *Taifferie*, nom donné par un titre de 1420 à une maison du bourg Saint-Cyprien de Bressuire, peu éloignée du champ dit des *Murailles*, contenant des traces d'ouvrages et du champ de la *Guerre*, près des Sicaudières, commune de Terves (S. A., 530) (5). Ces cinq dernières dénominations ont conservé le souvenir fidèle de campements Teifales.

La *Mothe-Tuffau*, près Chef-Boutonne, est un énorme tumulus entouré de fossés, dont une partie porte le nom de *Pré-du-Château*. Elle est précédée d'une sorte de bastion carré en terre, dont elle est séparée par une profonde tranchée. Tout près de là coule la fontaine de Grand-Fond. M. Beauchet Filleau incline à considérer ce monument comme un oppidum gaulois, à cause du voisinage de nombreuses tombelles de cette époque. M. Rondier y a vu un camp romain, confié à une garnison de Taifales, à cause du nom de *Tuffau* donné à cette butte. Il n'y a rien d'impossible à ce qu'un poste romain ait succédé là, comme dans bien d'autres lieux, à une occupation gauloise. La féodalité elle-même y établit plus tard une forteresse disparue (6).

---

(1) *Mém. de la Société de statistique des Deux-Sèvres*, 2ᵉ série, t. I.
(2) *Dict. géographique des Deux-Sèvres*.
(3) Idem.
(4) D. Fonteneau, t. XV, p. 439. — *La Gâtine hist. et monum.*
(5) *Hist. de Bressuire*.
(6) *Recherches historiques sur Chef-Boutonne*, par M. Beauchet-Filleau, dans le *Mém. de la Société de statistique des Deux-Sèvres*, 1884, p. 35-40.

VENDÉE

Les *Châtelliers-Châteaumur*, nom porté par une commune qui formait autrefois deux paroisses. C'est un plateau très élevé, sur lequel se dressent deux buttes ou mottes. L'une, située au nord, sur le bord du versant de la colline, a 10 mètres 50 centimètres d'élévation du côté du versant et 4 mètres 30 centimètres de l'autre côté. L'autre butte, située au midi, sur le versant opposé, a 16 mètres de hauteur de ce côté et 6 mètres du côté du plateau (1). On a trouvé dans le sol des poteries rouges romaines.

Le *Châtellier-Portaut*, commune de Mouilleron. Le camp, de forme rectangulaire, y existe encore avec ses remparts et ses fossés de 8 mètres de largeur. Il est partagé en deux parties. La porte ouvre à l'est. Non loin de là se trouvent les champs de la *Bataille* (S. D. 606-610) et de la *Fosse-aux-Soldats* (S. C. 462) (2).

Le petit *Châtellier*, commune de Mouilleron (3).

Le *Châtellier*, situé près de la forêt de la Chaise-le-Vicomte (4). Le *Châtellier*, près le Tablier. Le *Châtellier*, entre les Essarts et Sainte-Florence-de-l'Herbergement-Ydreau. Le *Châtellier*, entre Rochetrejou et le Parc-Soubise. Le *Châtellier*, près de Torfou. Le *Châtellier*, entre Treize-Septiers et Tiffauges. Le *Châtellier*, près Saint-Aubin-en-Tiffauges. Le *Châtellier*, non loin de la Boissière-en-Montaigu. Le *Châtellier*, près de la Vérie. Le *Châtellier-Barlot*, près le Poiré-de-Velluire (5).

Le *Châtellier*, sur la rivière de Saumore, près Bonneuil, non loin de Saint-Hilaire-des-Loges.

Le *Châtellier* (île d'Yeu), situé vis-à-vis la tour bâtie plus tard par les seigneurs. Le *Camp*, sur un îlot près la côte de l'île (6).

Le *Châtelard*, près de Dissay, non loin de Mareuil (7). Cette enceinte est rectangulaire et munie d'une motte au centre. La rivière

---

(1) *Annuaire de la Société d'émulation de la Vendée*, 1857, p. 249.
(2) *Congrès archéologique de Fontenay*, 1864, p. 27, 28. — *Ann. de la Société d'émulation*, 1855.
(3) *Id.* Année 1855.
(4) Carte de Cassini.
(5) *Idem.* — (6) *Mém. de Joussemet*, 1755.
(7) Carte de Cassini.

la Smagne l'entoure presque de toutes parts. Non loin de là, un vieux chemin allant de Mervent à Mareuil passait l'eau au *pont des Sarrazins* (1).

Le *Chastelier*, commune de Velluire, enceinte carrée, sur la Vendée (2).

Le *Castron*, à la Poupardière, commune de Saint-Pierre-du-Chemin (3).

Le Camp *de César*, commune d'Avrillé (4).

Saint-Vincent-Fort-du-Lay, auprès duquel on remarque la *Citadelle* (5). Il y a là un souvenir de fortification ancienne.

Sur le bord de la Vendée et la lisière de la forêt de Mervent existent plusieurs enceintes fortifiées, à Saint-Luc et près de Lugres et du Peux. L'une d'elles, sur un promontoire entouré par la rivière, mesure 135 mètres sur 120. On y a trouvé des monnaies depuis Aurélien jusqu'à Majorien, et des tuiles à rebord (6).

Une autre enceinte triangulaire, ayant une motte à chaque coin, se trouve à L'anglier-sur-la-Boulogne, commune des Lucs (7).

Dans les Landes, au-dessus du bois de la Chardière, commune de Chavagnes-en-Paillers, on voyait autrefois un camp carré de 75 mètres sur chaque face. Cet ouvrage a été coupé et détruit par la nouvelle route d'Aizenay à Mortagne (8).

Le Fossé *des Sarrazins* était un immense retranchement qui, d'après Joussemet, subsistait encore au dernier siècle. Il s'étendait depuis les Landes-de-Talmond jusqu'à Apremont, et même, disait-on, par Touvois jusqu'au lac de Grandlieu (9). Il passait à Olonne, près la Chévrerie (10). Le nom donné à ces travaux de défense indique bien certainement une origine romaine. Ils avaient très probablement pour but la protection du bas Poitou contre les descentes des pirates Saxons et Francs, très fréquentes sur toutes les côtes de la Gaule aux IIIe et IVe siècles.

Tiffauges était le centre incontesté d'une importante colonie de

---

(1) *Poitou et Vendée*, par Fillon. — (2) Idom. (3) Idem.
(4) Congrès archéologique de Fontenay, 1864.
(5) Carte de Cassini.
(6) *Poitou et Vendée*, par Filleau, art. des Lucs. — (7) *Idem*.
(8) *Bull. des Antiq. de l'Ouest*, 1842, p. 299.
(9) *Mém. de Joussemet*, 1755.
(10) Congrès de Fontenay.

Teifales auxiliaires. On a découvert plusieurs débris romains au pied du château du moyen âge, qui a fait nécessairement disparaître toute trace du campement primitif. L'importance de cette station explique la présence des nombreux châtelliers qui l'environnent et qui lui servaient d'avant-postes (1).

SAINTONGE ET AUNIS.

Le *Châtelier*, situé commune de Saint-Séverin, entre Dampierre et Saint-Séverin. C'est un vaste talus de 400 mètres de longueur fermant la gorge d'un promontoire. On y trouve quelques débris de maçonneries et on y a recueilli des monnaies de Posthume (2).

Les *Châtelliers*, poste situé, d'après M. Lacurie, sur la voie romaine de Saintes à Bordeaux (3).

Notre-Dame *des Châteliers*, près la Flotte (île de Ré).

Les *Châteliers*, près Saint-Pierre (île d'Oléron). Ce camp avait pour but de résister aux pirates Saxons. C'est peut-être là qu'était cantonné au Ve siècle Nammatius, chargé de la défense des rivages de la Saintonge, à moins que ce ne soit au *Château*, ville principale de l'île d'Oléron, qui très probablement a pris aussi naissance auprès d'un camp romain. Le célèbre Sidoine Apollinaire, ami de Nammatius, lui écrivit une lettre dans laquelle il fait allusion à son rôle militaire dans ce pays (liv. 8, épist. 6 ad Nammatium) (4).

Les *Chastellards*, commune de Champnac.

Le *Châtelard*, près de Royan.

La *Môthe du Chastellet*. Tel était le nom significatif que portait encore en 1471 le donjon de l'Isleau, qui a remplacé au moyen âge le camp romain (5).

L'ancien nom de Châtellaillon, *castrum allonis*, en 969, *castrum Julii* et *castrum allionis* en 1107, aujourd'hui submergé par l'Océan, décèle aussi sans doute une origine romaine. C'est l'opinion de M. l'abbé Chollet (6).

(1) *Hist. de Tiffauges*, par M. Prével.
(2) *Revue des Sociétés savantes*, 7e série, t. IV, p. 75.
(3) *Notice sur le pays des Santones*, par M. Lacurie.
(4) *Hist. de Saintonge*, par Massiou, t. 1, p. 276.
(5) *Notice sur Richard le Poitevin*, par M. Musset.
(6) *Les ruines de Châtelaillon*, par l'abbé Chollet, 1865.

Un bois taillis, appelé *le Château*, commune de Meursac, non loin de la tour romaine de Pirelonge, recouvre d'importants et d'antiques retranchements. C'est une enceinte elliptique, entourée d'un fossé de 220 mètres de développement. Le talus du rempart a 10 mètres de hauteur du côté de l'enceinte, et de 4 à 5 mètres du côté extérieur. Des blocs erratiques ont servi à revêtir les talus d'une manière grossière. Le plateau de cette enceinte, qui domine au loin la campagne, a 50 à 55 mètres de diamètre. Plusieurs demi-cercles de pierres de 3 à 4 mètres, adossés aux revêtements des remparts, semblent des restes d'anciennes huttes. Une autre enceinte double, en forme de demi-lune, de 20 mètres de superficie, entourée de fossés, se raccorde à la principale. Enfin, une troisième enceinte carrée forme un prolongement à la suite de la précédente. Un puits placé dans l'enceinte principale et en partie comblé semble appartenir à la période romaine. M. Eschassériaux, qui a donné la description de ce campement, est porté à le considérer comme gaulois; mais il pense que les Romains s'en sont servi, comme du terrier *de Toulon*, situé à 2 kilomètres 1/2, pour la défense des côtes et du *portus Santonum* (1). Nous pensons que telle fut, en effet, sa destination; mais nous ne croyons pas à son origine gauloise.

L'enceinte retranchée du Terrier de *Toulon*, près de Saujon, a été considérée par M. Massiou comme étant l'antique Novioregum. M. Lacurie ne la croit même pas romaine. Cependant il semble difficile de lui attribuer une autre origine (2). L'ensemble des ouvrages affecte la forme carrée. Il consiste en deux lignes de circonvallation, l'une de 800 pas de circuit avec fossé de 20 pieds de largeur et rempart de 25 pieds de hauteur percé d'une porte, l'autre de 200 pas de circuit avec fossé de 28 pieds de largeur. Au milieu du camp s'élève une tour carrée massive, munie d'un parapet, dont la hauteur atteint 12 pieds, et construite en petites pierres longues. M. Bourignon, qui l'a décrit *de visu*, le considère comme un des plus beaux camps romains. Il signale les nombreux débris de constructions romaines qui se rencontrent dans la campagne autour du terrier de Toulon, et il admet assez volontiers, avec la Sauvagère, que là se trouvait l'an-

---

(1) *Bull. de la Société des archives historiques de la Saintonge*, t. IV, 1re livraison.
(2) *Notice sur le pays des Santones.*

tique Novioregum. Quoi qu'il en soit, le Terrier n'en est pas moins un camp, quel que soit le nom porté par ces ruines (1).

Un autre camp existe à trois lieues de Saintes, entre Soulignonne et Saint-Sulpice, près de la forêt de Corme-Royal. Il se compose d'une ligne de circonvallation de 1500 pas de circuit avec fossé. Une tour carrée, dite de l'*Ilot*, s'élève au milieu sur une éminence. Elle avait, d'après M. Bourignon, 90 pieds de hauteur et 42 de largeur en tous sens et était construite, comme celle de Toulon, en pierres rectangulaires. Cet antiquaire la faisait remonter au bas Empire. On a trouvé dans cette enceinte plusieurs médailles impériales (2).

Dans le lieu dit le *Fort de l'Abattu*, près Maison-Neuve, du côté de Jarnac, M. Lacurie a signalé une vaste enceinte dont les remparts ont 8 à 10 mètres de hauteur et sont protégés par des fossés et des tours. Cet ouvrage doit être romain (3).

Le Camp *de Pibot*, près de Crazannes et Taillebourg, est carré et de peu d'étendue. Il est placé sur une éminence. Ses retranchements sont en terre mêlée de pierrailles (4).

Les traces d'un camp retranché ont été signalées par M. Lacurie dans les landes de Bussac, près Montlieu (5).

La *Motte*, nom donné à un tertre retranché près de l'église de Sainte-Lheurine. Elle est entourée d'un fossé de 4 à 5 mètres de profondeur et placée entre les deux voies romaines de Blaye à Cognac et de Coutras à Courcoury (6).

Près de Romaneau, commune de Saint-Dizant-du-Gua, sur la voie romaine de Bordeaux à Saintes, se trouve le lieu dit *la Petite-Motte*, où des débris de constructions romaines ont été rencontrés (7).

Le nom du hameau dit *le Fort*, commune de Sousmoulins, a conservé le souvenir d'un camp ou fortification antique quelconque (8).

(1) *Recherches sur la Saintonge*, par M. Bourignon, an IX, p. 212 et suiv.
(2) Idem.
(3) *Notice sur le pays des Santones*.
(4) *Bull. monumental*, t. I, p. 283.
(5) *Notice sur le pays des Santones*.
(6) *Études sur l'arrondissement de Jonzac*, par M. Rainguet.
(7) Idem. — (8) Idem.

ANGOUMOIS

Les *Châteliers*, commune des Adjots. Les *Châteliers*, commune de Roullet. Les *Châteliers*, commune de Saint-Fraigne. Le *Châtelard*, commune de Claix. Le *Châtelard*, commune de Puyréaux, près duquel ont été trouvés des vestiges de constructions romaines (1). Le *Châtelard*, commune de Mansle (2). Le *Châtelard*, commune de Saint-Front. Le *Châtelard*, commune de Dirac. Le *Châtelard*, commune de Passirac. Le *Châtelars*, commune de Cherves-Châtelars. Le *Châtelars*, commune de Vouzan. Le *Châtellut*, commune de Juillé. Le *Châtellut*, commune de Ligné. La *Châtre*, commune de Saint-Brice. La *Châtre*, commune d'Alloue. La *Châtre*, commune d'Oradour-Fanais. Les *Châtres*, commune de Lézignac-Durand. *Chastres*, près Cognac. Les *Camps*, commune de Bécheresse. Les *Camps*, commune de Voulgézac.

Le Camp *des Robadeaux*, commune de Montrollet, est un rectangle de 120 mètres sur 94, qui a conservé ses talus et ses fossés. Il est situé le long de la voie romaine de Limoges à Poitiers (3).

Le Camp *du Puy-Mérigou*, commune de Montrollet, n'a conservé que deux angles et un côté de 65 mètres. Il est situé le long de la même voie.

Le Camp *de la Faye*, commune de Saint-Christophe, de forme rectangulaire et sur la même voie.

Le Camp *d'Anglard*, commune de Brigueil, rectangle de 150 mètres sur 95, avec retranchements de 7 mètres de hauteur. Tous ces camps sont nommés *Chastres*.

Le Camp *de la forêt de Brigueil*, de même forme, est en partie nivelé.

Le Camp *de Lâge*, commune de Saulgond, entre Saulgond et Étagnac, est de même forme et bien conservé. Il est situé sur la même voie de Limoges à Poitiers.

Le Camp *des Mottes*, près du Lindois, entre la Courrière et Écossas,

---
(1) *Bull. de la Société archéol. de la Charente*, 1881. — (2) Idem.
(3) *Statistique de la Charente*, par Michon.

est de forme circulaire, entouré de talus, et a 55 mètres de diamètre. Il est placé le long de la voie d'Angoulême à Chassenon.

Le Camp *de la Giraldie*, entre le Lindois et Rouzède, le long de la même voie, est un rectangle de 120 mètres sur 90. Le talus du nord a 20 mètres de base. Il est flanqué à l'ouest de trois redoutes allongées plus hautes que le sol du camp. Il a pu servir dans les guerres des Anglais ; on y a trouvé de petits boulets. Mais son caractère est tout romain (1).

Le Camp *de Pressignac*, près du bourg, sur la voie de Périgueux à Chassenon, est de forme rectangulaire.

Le Camp *de Trallebost*, entre Châtain et Pleuville, sur la voie de Chassenon à Charroux, affecte la même forme.

Le Camp *de Benays*, sur la même voie, ne conserve plus qu'un seul côté très étendu. Une tradition l'attribue à Charlemagne.

Le Camp du petit *Mas-Dieu*, le long de la même voie, de forme circulaire, est assis sur une colline en face la Juricie.

Le Camp *d'Ambournet*, situé à l'est de Champagne-Mouton, le long de la voie d'Angoulême à Confolens, est une petite enceinte carrée, placée sur une colline, et qui a conservé de beaux talus.

Le Camp *de Chez-Godard*, près Chassiecq, sur la même voie, est un rectangle de 134 mètres sur 95, percé de deux portes.

Le Camp de *Paizay-Naudoin*, appelé *lés Forts*, situé sur la voie de Charroux à Aunay, est un quadrilatère irrégulier composé de deux enceintes concentriques. Les remparts en terre ont 4 mètres de hauteur. L'enceinte intérieure a 38 mètres sur 30 environ. L'enceinte extérieure, séparée de l'autre par une distance de 14 mètres, a 75 mètres sur 45 environ.

Le Camp *de Cellefrouin*, appelé *Champ-du-Combat*, et situé sur la voie de Limoges à Aunay par Charmé, est un rectangle très étendu (2).

Le Camp *d'Orfeuil*, près Ranville, sur la même voie, est de forme circulaire ; sa superficie est de 33 ares. Ses retranchements ont 3 mètres de hauteur (3).

Le Camp *de Chez-Fouquet*, entre le *Châtelard* et Chasseneuil, sur la voie de Limoges à Saintes par Sainte-Sévère, est un carré

(1) *Statistique de la Charente*. — (2) Idem. — (3) Idem.

parfait de 100 mètres de côté, assis sur un coteau. Il est muni d'une porte. Ses parapets ont 3 mètres de hauteur (1).

Le Camp *des Peines*, situé non loin du précédent, est un rectangle de 110 mètres sur 90 (2).

Le Camp *de Sainte-Sévère* est situé sur le bord de la même voie romaine de Limoges à Saintes, au confluent de l'Houlette et de la Soloire. Il se compose de deux enceintes concentriques. L'une, l'enceinte extérieure, est un polygone à sept côtés, dont le périmètre mesure 924 mètres et les remparts en terre de 6 à 8 mètres d'élévation. On y pénètre par une porte dite la porte rouge. Les deux rivières coulent dans le fossé. L'enceinte intérieure est un rectangle dont les dimensions sont en moyenne de 100 mètres sur 90. Elle est entourée aussi de remparts en terre et d'un fossé, dans lesquels une porte de 4 mètres de largeur est pratiquée. On a trouvé dans cette enceinte des fondations d'édifices, et dans les talus des cuirasses, des casques, des haches et des flèches, d'origine très probablement romaine, qui n'ont malheureusement pas été conservées (3). Sainte-Sévère est considéré avec beaucoup de raison comme représentant la station *Sermanicomagus* de la carte de Peutinger, qu'il faut lire *Germanicomagus* (4).

Le Camp *de Chadurie*, situé sur une hauteur, le long de la voie de Périgueux à Saintes, n'a conservé que quelques vestiges de retranchements (5).

Le Camp *de Merpins*, sur la même voie, au confluent de la Charente et du Né, est défendu du côté de la plaine par un rempart de terre, aujourd'hui très abattu, long de 450 mètres. On y a trouvé de nombreux débris romains. Ce lieu, en 1421, était appelé la vieille *ville de Merpins*.

Les Camps *de Salles*, sur la voie de Cognac à Jarnac, sont au nombre de trois, sur une hauteur. Le premier, dit le *Cot-de-Régnier*, est un rectangle de 120 mètres sur 43. Le second, dit le *Chiron-de-Miot*, est un rectangle de 87 mètres sur 44. Le troisième, dit le *Terrier-du-Cot*, est un carré de 70 mètres de côté, dont une portion,

---

(1) *Statistique de la Charente.* — (2) Idem. — (3) Idem.
(4) *Mém. des Antiquaires de France*, 4ᵉ série, t. X, p. 178-184.
(5) *Statistique de la Charente*, par Michon.

de 57 mètres sur 27, forme une élévation de 2 à 3 mètres, au centre de laquelle est une motte circulaire soutenue par un mur, destinée sans doute à la tente du général. Des médailles romaines ont été trouvées à la *Cot-de-Régnier* (1).

Le Camp *de Veuil*, dit *Fort des Anglais*, est situé à une lieue d'Angoulême, sur un promontoire à pic, au confluent de la Charrau et d'un petit ruisseau. Il est de forme triangulaire et mesure 64 mètres sur 33. Ses retranchements ont 6 mètres de hauteur et il a deux portes. Corlieu le considérait comme romain.

Le Camp *des Rosiers*, situé à 1 kilomètre seulement du précédent, est un petit rectangle de 30 mètres de largeur.

LIMOUSIN

Le *Châtelier-sur-l'Abloux*, près de Sacierges et de la voie romaine de Limoges à Bourges. La *Châtre-Plane*, près Saint-Gence. La *Châtre-Boucherane*, près Lengaud, non loin de la précédente. La *Châtre*, près Saint-Jouvent. Les *Châtres*, entre Lezignat et Massignac. Les *Châtres*, non loin de Razès. *Châtre*, près Château-Ponsat (2).

Dans les environs de Château-Ponsat, sur le chemin de Bessines, s'élève une grande motte de 30 pieds de hauteur sur 20 ou 25 de largeur, formant plate-forme à la partie supérieure. Elle peut être considérée comme ayant supporté une tour fortifiée (3).

Une autre motte, connue sous le nom de *Château*, se voit à Saint-Léger-la-Montagne, près Grandmont (4).

La *Châtre*, entre Magnac-Laval et Saint-Léger. La *Châtre-le-Vicomte*, sur l'Anglin, non loin de Saint-Benoît-du-Sault. *Châtelard-la-Rivière*, entre Chasseneuil et Mézières. Le *Châtelard*, près Magnac-Laval (5). Le *Châtelard*, commune d'Arnac, canton de Saint-Sulpice-les-Feuilles. C'est une motte conique de 90 mètres de circonférence et de 5 mètres de hauteur. Les fouilles qu'on y a pratiquées n'ont rien produit (6).

Le *Châtelas* est une enceinte carrée avec fossé, située près Cromac, sur le coteau Mont-Lambert et le long de la voie romaine de Limoges

(1) *Statistique de la Charente*. — (2) Carte de Cassini.
(3) *Monuments de la Haute-Vienne*, par Allou, 305. — (4) Idem.
(5) Carte de Cassini. — (6) *Mém. des Antiq. de l'Ouest*, 1851.

à Bourges. La Benaize l'environne de deux côtés. Elle est divisée en deux parties par un fossé et un monticule de 3 mètres de hauteur. On y a trouvé des débris de fers et de terre cuite et une monnaie d'argent du triumvir Antoine (1).

Le Camp *de Millou*, non loin de Lignac, forme un carré irrégulier, variant de 136 mètres sur 86 à 122 sur 118. Il a deux portes ouvertes dans deux côtés opposés. Ses angles sont arrondis. En dehors, à 5 mètres de l'angle nord et dans le fossé, se trouve une éminence ronde. On remarque à 100 mètres de ce camp le lieu dit le *Champ-de-la-Bataille*. Dans le voisinage on a trouvé des tuiles romaines (2).

Le Camp *de la Brande-du-Beau*, sur la route de Beaulieu à Bonneuil, au croisement de la voie romaine de Limoges à Bourges, n'a conservé qu'une partie de ses retranchements (3).

Le Camp *de César* des brandes du Grand-Fâ, commune de Saint-Léger, canton de Magnac, est un retranchement carré bien conservé, mesurant environ 70 mètres de côté (4).

Le Camp *de Martineix*, dit *de Jules César*, commune d'Arnac, est un carré variant de 130 mètres sur 124 à 136 sur 125. Il n'a pas de fossé, mais il forme une terrasse dominant l'extérieur de 4 mètres de hauteur. Il n'a qu'une porte (5).

Le Camp *de Malonze*, situé à 1,500 mètres de la Souterraine, est un petit carré de 54 mètres sur 45, dont le rempart a 4 mètres de hauteur (6).

Le Camp *de Parnac*, canton de Saint-Benoît-du-Sault (Indre), est couvert d'un bois taillis. C'est un rectangle variant de 174 mètres sur 136 à 168 mètres sur 108. Les remparts ont de 3 à 4 mètres de hauteur. Deux portes de 4 mètres de largeur y sont pratiquées. Au milieu du camp se trouve une élévation carrée de 50 centimètres de hauteur où était sans doute le *suggestum* ou tribunal du commandant romain (7).

Le *Mont-Sarrazin*, non loin de Crosan, indiqué par la carte de Cassini, rappelle quelque campement antique. Il en est de même

---

(1) *Mém. des Antiquaires de l'Ouest*, 1851.
(2) Idem. — (3) Idem. — (4) Idem. — (5) Idem.
— (6) Idem. — (7) Idem.

d'une redoute carrée marquée sur la même carte, non loin de Nouzerolles, près de Châtelux, dans la Marche.

Dans le Champ dit *de César*, situé à la Commanderie, commune de Lignac, se voient des retranchements où l'on a trouvé les squelettes d'un guerrier et de son cheval et une monnaie de Constantin (1).

Les Camps *du Mont-Gargand* et *du Mont-Cey* (Haute-Vienne), d'une étendue beaucoup plus considérable que ceux dits *Châtelliers*, *Châtres*, *Châtelards*, etc., ne doivent pas rentrer dans le même système et sont très probablement plus anciens (2).

Une grosse motte conique de 50 mètres existe à Masseret, aux environs d'Uzerche. Elle est entourée de larges fossés. On y a trouvé des tuiles à rebords, des cendres et du charbon. Une tour féodale, dite *Tour de la Motte*, a été construite sur cette motte et a remplacé probablement une tour d'observation de l'époque romaine. Non loin de là, sur la voie romaine de Limoges, se trouve un camp dit *de César*, dont les traces sont reconnaissables (3).

Camp *de César* avec quelques restes de retranchements sur une éminence près Ussel (4).

Camp *d'Issandon*, qui commandait une partie du pays des Petrocorii et de Turenne (5).

Plusieurs restes de retranchements en terre connus sous le nom de Camps *de César* existent en Limousin, notamment à Saint-Denisles-Murs, près Saint-Léonard, et à l'Échoisier, près de Limoges. Nadaud les considère, avec raison, comme des ouvrages romains, mais n'ayant aucun rapport avec le conquérant des Gaules (6).

Le Camp *de Lignaud*, dit *Camp de César*, commune de Lourdoueix-Saint-Pierre, dans la Creuse, situé sur un plateau élevé, est un rectangle de 109 mètres sur 80. Il est entouré d'un fossé et d'un rempart de 2 mètres de hauteur. Un puits existe à l'intérieur, et on a trouvé dans les environs des fragments de poteries et des tuiles à rebords (7).

---

(1) *Bull. des Antiquaires de l'Ouest*, 1876, p. 315.
(2) *Voir* sur ces camps, *Revue des Sociétés savantes*, 1876, 1ᵉʳ sem., p. 330.
(3) *Hist. du bas Limousin*, par Marvaud, t. I. — (4) Idem. — (5) Idem.
(6) *Monuments de la Haute-Vienne*, par Allou, 278.
(7) *Mém. de la Société des sciences de la Creuse*, 1882.

La Camp *de César* du mont Pigeau, situé à 2 kilomètres de la Chapelle-Taillefer, près la route de Bourganeuf, est aussi intact que le précédent; mais *il présente des lignes courbes, par suite de la conformation de l'éminence étroite sur laquelle il est assis* (1).

BERRY

La *Châtre* (Castra), ville importante du Berry (Indre), tire son origine d'un camp romain. Elle était située sur la voie romaine d'Argenton à Châteaumeillant (2).

Camp *de César*, commune de Luant (3).

Camps *de César*, dans les communes d'Avor et de Ménétréol-sur-Saudre (Cher) (4).

Camps *de César*, à Briantes et à Sainte-Radégonde (5).

Camp *de César*, près le village de Chatelus, sur la route d'Aigurande à Chambon-Sainte-Croix (6).

Un Camp dit *Fossés-Sarrazins* existe dans la commune de Notre-Dame-de-Pouligny (Indre), sur un plateau étroit limité par la Couarde. C'est une enceinte rectangulaire très régulière, de 175 mètres de longueur sur 140 de largeur. Le rempart, entouré d'un fossé, a 5 mètres de hauteur au-dessus du fond du fossé. La porte s'ouvre au nord. Ce camp, situé près de la voie de Châteaumeillant à Ahun, est bien romain, malgré sa dénomination de *sarrazin* qui, suivant la remarque très juste de M. Prost, s'applique constamment à des ouvrages romains (7).

Une autre enceinte dite *Fossés-Sarrazins* existe dans la commune d'Oizon (Cher) (8).

Le *Châtelier* sur l'Anglin, près Chalais, non loin de Bélabre (Indre) (9).

Châtre, dans la Brenne, non loin de Grand-Luc et de Migné (10).

(1) *Mém. de la Soc. des sciences de la Creuse*, 1882.
(2) *Hist. du Berry*, par M. Raynal. — (3) Idem.
(4) Idem, p. 101, 102.
(5) Idem, p. 26.
(6) *Mém. des Antiquaires du Centre*, t. X, p. 107.
(7) Idem, t. X, p. 107. — *Hist. du Berry*, par M. Raynal.
(8) *Mém. des Antiquaires du Centre*, t. IX, p. 81.
(9) Carte de l'état major. — (10) Idem.

Redoute du *Camp de César*, entre Lignac et La Trémouille (1).

Camp *de Bagneux*, commune de Saint-Saturnin. C'est une petite enceinte carrée de 110 mètres de côté, sauf une des faces qui n'a que 95 mètres. Le rempart et le fossé ont chacun 5 à 6 mètres de largeur. La porte ouvre à l'orient. Ce camp est placé à 6 ou 7 kilomètres de celui de Sidiailles (2).

Le Camp *de Boiroux*, commune d'Ineuil, sur la route de Saint-Amand à Lignières, est une enceinte trapézoïdale mesurant 120 mètres sur deux côtés, 80 sur un autre et 50 sur le quatrième côté. Les remparts ont 1 à 2 mètres de hauteur à l'intérieur et 4 à 5 mètres en dehors. La porte est au midi. On y a découvert des objets romains, tels que fers de flèche, amphores et une monnaie d'or d'Auguste. Près de là se trouve le village de *Font-Romain* (3).

Le Château *des Dureaux*, commune de Preuilly, sur la rive gauche du Cher, consiste en un quadrilatère irrégulier de 170 mètres sur 135. Deux grosses buttes entourées de fossés occupent les angles nord et sud du camp. Elles ont 10 à 12 mètres de hauteur, et sur l'une il y a un puits comblé. Les remparts ont 9 mètres de hauteur et le fossé 16 mètres de largeur. On y a trouvé des viretons, ce qui ferait remonter le camp au xi° siècle seulement, d'après M. Buhot, qui remarque toutefois qu'à 2 kilomètres de là, à Quincy, on a découvert des sépultures romaines (4).

Le *Dureau* de Villeneuve-sur-Cher est une petite enceinte carrée de 25 mètres sur chaque face, entourée d'un rempart et d'un fossé de 5 à 6 mètres (5).

Camp *des Monts* ou *Camp de César*, à Maubranches, commune de Moulins-sur-Yèvre, à 11 kilomètres de Bourges. C'est un promontoire formé par deux vallées tourbeuses et fermé par un vaste fossé de 270 mètres de longueur sur 11 de largeur. Aucune porte ne s'y rencontre (6).

Camp *de la Groutte*, en face de Drévant, près Saint-Amand. C'est encore un promontoire dominant la vallée du Cher et fermé par un agger de 200 mètres de longueur et de 4 à 5 mètres de hauteur avec

---

(1) Idem.
(2) Enceintes en terre du Cher, par M. Buhot de Kersers, apud *Mém. des Antiquaires du Centre*, t. I. — (3) Idem. — (4) Idem. — (5) Idem.
(6) Enceintes en terre du Cher, par M. Buhot, apud *Mém. des Antiquaires du Centre*, t. I.

fossé extérieur. La porte a 5 mètres de largeur. Un puits existait à l'intérieur de ce camp qui a 4 hectares de superficie. On y a trouvé des monnaies de Domitien et des vestiges de constructions romaines (1). M. Raynal le considère comme un oppidum gaulois occupé ensuite par les Romains (2).

Le Camp *de Sidiailles*, même commune, est un plateau sur la rive gauche de l'Arnon, fermé à la gorge par un épaulement de 5 à 6 mètres de hauteur et par un fossé de 17 mètres de largeur. Deux portes de 6 mètres y sont pratiquées. Un autre vallum de 3 mètres de hauteur traverse le camp par le milieu dans toute sa largeur. Le camp a 650 mètres de longueur, 200 mètres de largeur à la gorge et une superficie de 16 hectares. Il était non loin de la voie d'Avaricum (Bourges) à Néris (3).

Le Camp *d'Alléan*, près de Baugy, est un quadrilatère de 250 mètres sur 180. Mais il n'en subsiste plus que deux remparts de 200 mètres se joignant par un angle arrondi. La porte a 6 mètres de large. On a découvert à 300 mètres de là plusieurs sépultures romaines. D'après M. Buhot, ces quatre derniers camps n'appartiendraient pas au IVe siècle et n'auraient aucun rapport avec les castels, burgs et tours de Végèce et d'Ammien Marcellin. Ils remonteraient à la conquête des Gaules et seraient l'œuvre des premières légions romaines (4). Leurs dimensions, relativement considérables si on les compare aux châteliers décrits jusqu'ici, feraient naître, en effet, un certain doute. Mais il est bien difficile de préciser leur rôle dans les campagnes de César.

Le Camp *de Villeville*, commune de Mornay-Berry, est un carré de 90 mètres de côté qui rentre parfaitement par ses dimensions dans la classe des *Châtelliers*. Ses remparts ont de 3 à 4 mètres de hauteur et ses fossés 10 mètres de largeur (5).

---

(1) Enceintes en terre du Cher.
(2) *Hist. du Berry*, p. 27.
(3) Enceintes en terre du Cher. — *Hist. du Berry*, p. 27-28.
(4) Enceintes en terre du Cher.
(5) *Mém. des Antiquaires du Centre*, art. de M. Buhot.

TOURAINE

Le *Châtellier*, commune de Brèches. Le *Châtellier*, commune de Saint-Denis-Hors. Le *Châtellier*, commune de Céré. Le *Châtellier*, commune de Chédigny. Le *Châtellier*, commune de Chemillé-sur-Dème. Le *Châtellier*, lieudit près la Beaudouise, commune de Civray-sur-Esves. Le *Châtellier*, près de l'Ile-Bouchard. Le *Châtellier*, commune de Limeray. Le *Châtellier*, nom d'une partie de la forêt de Loches, au sud de la Chartreuse-du-Liget, et où l'on doit nécessairement retrouver les traces du camp romain. Le *Châtellier*, commune de Lussault, près de la Loire. Le grand et petit *Châtellier*, commune de Neuville. Le *Châtellier* et le vieux *Châtellier*, commune de Panzoult. Le *Châtellier*, commune de Paulmy. Le *Châtellier*, commune de Reugny. Le *Châtellier*, commune de Saint-Benoît, *locus de castellariis* en 1142. Le *Châtellier*, commune de Saint-Nicolas-de-Bourgueil. Le *Châtellier* ou *Butte-Châtellier*, commune de Saint-Symphorien. Le *Châtellier*, commune de Souvigny. Le *Châtellier*, commune de Varennes. Les *Châtelliers*, commune de Beaumont-la-Ronce. Les *Châtelliers*, commune de Courcelles. Le *Châtellier*, paroisse de Saint-Florentin-d'Amboise. Les *Châtelliers*, commune de Louestault. Les *Châtelliers*, lieudit près la Ferraudière, commune de Sorigny. Les *Châtelliers*, lieu près du Grand-Carroi, commune de Thilouze. Le grand et petit *Châtelet*, commune de Bueil, près du bourg. Le *Châtelet*, lieu près de l'Aventure, commune de la Chapelle-Blanche. Le *Châtelet*, lieu près de la Fertonnerie, commune de Cussay. Le *Châtelet* ou *Châtellier*, commune de Dolus. Le *Châtelet*, commune de Marigny-Marmande. Le *Châtelet*, commune de Sainte-Maure. Les grand et petit *Châtelet*, commune de Thilouze. Le *Châtelet*, commune de Ballan. *Châtre*, commune de Champigny-sur-Veude. *Châtre* (bois de), commune de Charnizay. La *Châtre*, commune de Saint-Épain. *Châtre*, commune de Saint-Ouen, *castra* en 852. *Châtres*, commune de Chambourg. *Châtres*, commune Ferrières-Larçon. La *Chastre-aux-Grolles*, commune de Verneuil-sur-Indre, *castra* en 1246. *Chastres-Folies*, commune de Cormery. *Château* (landes du), près la Hardillière, commune de Charentilly. Le *Château*, lieu près la Lande, commune de Louans. Le *Château*, lieu près le fief Bouju, commune de Monnaie. Le *Château*, commune de Saint-Roch, castellum en 1207. *Château-Chévrier*, dans la vallée de Vauvert, commune de Roche-Corbon. On y a découvert, en 1871, les traces d'un ancien oppidum (*Bull. Soc. arch. Touraine*, 1871). *Châteaufort*, lieu près la Loge, commune de Lerné. *Château-la-Vallière*, appelé autrefois *castelli* en 978, castrum ou oppidum de *castellis* en 1020, terra de *castris* en 1306, *chasteaux* en 1668.

Le *Camp*, commune de Bueil. Le *Camp*, commune de Neuvy-le-Roi (1).

Châtre, situé à 1 kilomètre de Betz. Il y a là un camp de 25 à 30 hectares assis entre deux vallons et séparé du plateau par un fossé et un rempart en terre de 1200 mètres de longueur (2).

Une motte énorme, située à Nouâtre, entourée à moitié par le ruisseau de Maillé qui va se jeter ensuite dans la Vienne, a été considérée comme l'assiette d'un camp. Il commandait le passage de la Vienne, défendu sur l'autre rive par la motte au Fils-Yvon. On a trouvé dans la motte de Nouâtre des tuiles à rebord, des poteries rouges et autres débris romains (3).

Un camp parfaitement défini existe à Turpenay sur un plateau de la forêt de Chinon. Il est carré et mesure 60 mètres de côté. Les fossés qui l'entourent sont en partie comblés. Il est précédé de lignes de trous de 3 mètres de diamètre, assez semblables à ceux que fit creuser César à l'attaque d'Alésia. Une voie antique de Tours à Chinon, traversant l'Indre au port Huault, passait près du camp de Turpenay et à une demi-lieue plus loin, près du lieu appelé le *Châtelier*, puis rentrait en forêt pour passer à une maison romaine découverte au Vieux-Beugny, et enfin près d'un autre camp formé d'énormes blocs. On a attribué par hypothèse le camp de Turpenay à Egidius, qui guerroya souvent contre les Visigoths au ve siècle (4). Il est très admissible qu'il a été utilisé à cette époque, mais sa création, comme celle de tous les autres camps de cette nature, doit remonter au ive siècle.

(1) Toutes les indications ci-dessus sont tirées du *Dictionnaire géographique d'Indre-et-Loire*, par Carré de Busserolle.
(2) *Promenades pitt. en Touraine*, par l'abbé Chevallier, p. 541.
(3) Idem, p. 515.
(4) *Bull. monumental*, 1873, p. 598.

Le camp *de Cinais*, dit *Camp des Romains*, assis en face de Chinon sur un promontoire formé par la Vienne et le Négron, est d'une grande importance. Il est de forme allongée et irrégulière, mesure 900 mètres sur 300 et couvre 25 hectares. L'enceinte est formée d'une sorte de muraille en pierres brutes, dans laquelle sont percées quatre portes. Un double fossé défend la partie nord du camp dont l'intérieur est divisé en portions irrégulières. On y a trouvé des monnaies de l'époque des Antonins. M. Prévost préfère y voir un oppidum gaulois plutôt qu'un camp romain. Cependant les irrégularités de l'enceinte ne prouvent rien en faveur de l'époque gauloise. Elles proviennent de la situation qui, d'après Végèce, faisait varier les plans des campements (1).

ANJOU

Les *Châtelliers* de Frémur, commune de Sainte-Gemme-sur-Loire. L'espace considérable de forme triangulaire (8 kilomètres de périmètre), renfermé par la Loire au sud, la Maine à l'ouest et une levée dite de César au nord-est, était loin d'être absorbé tout entier par le camp. M. Godard-Faultrier y a fait des fouilles très fructueuses qui ont mis au jour de beaux thermes romains. Le camp proprement dit occupait la colline des *Châtelliers* et avait une longueur de 800 mètres sur 600. On y voit les vestiges d'une enceinte en terre semi-circulaire de 4 à 5 mètres de hauteur avec quelques restes de murailles et de tours en petit appareil. M. Godard rappelle que le jeune Crassus, lieutenant de César, serait peut-être venu camper dans ce lieu avec la 7e légion, et peut-être aussi Acilius Aviola qui vint avec une cohorte de Lyon réprimer une révolte des Andes sous Tibère (2). Mais on ne peut rien préciser à cet égard. M. Port ne veut même pas voir de camp romain aux Châtelliers de Frémur, parce que, dit-il, avant Aurélien au moins il n'y eut jamais de *castra stativa* ailleurs que sur le Rhin (3). Cela est parfaitement vrai; mais les camps dits *Châtel-*

---

(1) *Mém. de la Société d'agriculture et sciences d'Angers*. t. IX, 2e partie. — *Revue des Sociétés savantes*, 1873, 1er semestre, p. 57. — *Dict. géogr. d'Indre-et-Loire*, par Carré de Busserolle.
(2) *Topographie gallo-romaine de Maine-et-Loire*, par Godard-Faultrier.
(3) *Dict. hist. et topogr. de Maine-et-Loire*, par Port.

liers sont bien postérieurs et ne peuvent remonter qu'au IV° siècle. Celui des Châtelliers de Frémur rentre parfaitement dans cette classe, et il est impossible de ne pas le considérer comme romain aussi bien que tous ceux ainsi dénommés.

Les *Châtelliers*, commune de Murs, situés en face des Châtelliers de Frémur, sur la rive gauche de la Loire. Il y a là sur un coteau une muraille circulaire de 30 à 40 mètres en petit appareil. Une charte de 969 désigne ainsi ce lieu : *castalarium cum antiquo castello* (1).

Les *Châtelliers*, commune de la Seguinière (2). Le grand et le petit *Châtellier*, commune de Saint-Laurent-du-Mottay. Le *Châtelier*, commune de Bégrolles. Le *Châtelier*, commune de Brain-sur-Longuenée. Le *Châtelier*, commune de Chazé-sur-Argos (3). Le *Châtelier*, commune de Courléon (4). Le *Châtelier*, commune de Grez-Neuville (5). Le *Châtelier*, commune du Lion-d'Angers. Le camp était situé au bec de l'Oudon et sur la Mayenne. On a découvert un glaive romain dans le lit de l'Oudon, entre deux vieilles piles (6).

Le *Châtelier*, commune de Nueil, canton de Vihiers. Le *Châtelier*, commune de Passavant. Le *Châtelier*, commune de Rou-Marson. Le *Châtelier*, près la Perrinière, commune de Saint-Germain-les-Montfaucon. Le *Châtelier*, commune de Saint-Laurent-de-la-Plaine (7).

Le *Châtelier*, commune de Saint-Michel et Chanvaux. Le bourg de Chanvaux, sur une éminence dans des bois, occupe l'emplacement du camp encore entouré de deux enceintes de remparts en terre et de douves, affectant la forme ovale.

Le *Châtelier*, commune de Saint-Paul-du-Bois. Le *Châtelier*, commune de Sainte-Gemme-d'Andigné. Le *Châtelier*, commune de la Tour-Landry. Le *Châtelet*, commune de Fontaine-Milon. Le *Châtelet*, commune de Noyant-sous-le-Lude. Les *Châtelets*, commune d'Echemiré, près le village Sainte-Catherine. On y trouve des monnaies romaines.

---

(1) *Dict. hist. de Maine-et-Loire.* — *Topogr. gallo-romaine de Maine-et-Loire.*
(2) *Dict. hist. de Maine-et-Loire.*
(3) *Dict. topogr. et hist. de Maine-et-Loire.* — (4) Idem. — (5) Idem.
(6) Idem. — *Topogr. gallo-romaine de Maine-et-Loire.*
(7) *Dict. topographique.*

Chatelais, arrondissement de Segré, désigné sous le nom de *Castelesium* en 1102, *Castellicium*, *Castelliis* en 1149. Le camp est situé à Saint-Julien la *cité es Chastellays*, à 1200 mètres de Châtelais, sur l'Oudon. On y voit une vaste enceinte formée d'un rempart de terre et de deux fossés, située sur la crête du coteau. M. Port croit que c'est un oppidum celtique. On y a trouvé cependant de nombreux vestiges romains, et on a identifié Châtelais avec la station *Combaristum* (1).

Les *Chatres*, près du village du Sablon, commune de Chavagnes. On y a trouvé de nombreux vestiges romains, un puits antique, des médailles, des poteries, des ossements humains. Les Châtres sont à 600 mètres seulement d'Allençon où a été découvert, en 1836, le célèbre trésor d'un temple païen (2).

Chartres, commune de Morannes. Une charte de 1010 le désigne ainsi : *villa qui dicitur castra* (3).

Châteaux, commune de Soulaire (4). Les *Châteaux*, lieu dit de la commune de la Cornuaille (5).

Les *Châteaux*, commune du Louroux-Béconnais. C'est une enceinte carrée d'un hectare 1/2, entourée d'un fossé et d'une levée de 3 mètres de hauteur. Près de là est une ancienne voie romaine (6).

Les *Hauts-Châteaux*, commune de Chambellay, lieu dit entre le bourg et le château des Aillées, sur deux mamelons d'environ trois hectares. On y a trouvé des briques, des marbres et des poteries romaines. C'était peut-être la villa *Cambriliacus*, d'une charte de 850 (7).

Châteaupanne, commune de Montjean, appelé *castelli penna* dans une charte de 987 (8). le *Château-Roux*, commune des Cerqueux-sous-Passavant. Le *Château-Noir* et le *Château-Rouge*, commune d'Auverse. La *Châtellerie*, commune de Breil. La *Châtellerie*, commune de Coron. La *Châtellerie* et les *Châtillons*, commune de Daumeray. La *Châtellerie*, commune de Gonnord. La *Châtellerie*,

---

(1) *Dict. topographique.* — *Topogr. gallo-romaine de Maine-et-Loire.*
(2) *Topogr. gallo-romaine de Maine-et-Loire*, par Godard. — *Dict. hist. de Maine-et-Loire*, par Port.
(3) *Dict. hist. de Maine-et-Loire.* — (4) Idem. — (5) Idem.
(6) Idem. — *Topogr. gallo-romaine de Maine-et-Loire.*
(7) *Dict. hist. de Maine-et-Loire.* — *Topogr. gallo-romaine de Maine-et-Loire.*
(8) *Dict. hist. de Maine-et-Loire.*

commune de la Poitevinière. *Châtillon*, commune de Brain-sur-Long. Les *Châtillons*, commune de Lué.

Chantoceaux, sur la rive gauche de la Loire, appelé *Castrum celsum* dans une charte de 1034. Sur un mamelon très élevé, de 23 hectares, se voient encore des restes de puissants remparts de 3 mètres d'épaisseur en blocage avec revêtements en feuille de fougère et en petit appareil. Ce sont là les *muri sarraceni* d'une charte de 1241 : « Totum illud infrà *muros sarracenos* castri celsi usque ad portas castelli quod dicitur castrum burgensium (1). » Il est fort possible que cette forteresse ne soit pas un des Châteliers du IVᵉ siècle généralement plus exigus et construits en terre. Elle serait alors plus ancienne.

Dans la commune de la *Romagne*, dont le nom est assez significatif, existe au lieu dit la *Boutrie* un camp rectangulaire de 135 m. sur 120 environ. Les retranchements en terre de 5 mètres de hauteur sont défendus par deux fossés, l'un intérieur, l'autre extérieur. On y pénètre par deux portes au nord et à l'ouest. C'est là un vrai châtellier, conforme en tous points à ceux que nous étudions (2).

Dans la commune de Chollet, dans le bois du Chêne-Landry, existe un camp de même nature dit la *Bauge-du-Château*. C'est un carré parfait de 90 mètres de côté, avec angles arrondis. Le rempart a 1 mètre 40 de hauteur et le fossé 7 mètres 50 de largeur. Un puits se trouve à 200 mètres du camp. On y a trouvé des poteries rouges, des tuiles à rebords, du verre, un moulin à bras. La voie romaine de Poitiers à Nantes passe à 1,000 mètres de là. M Pissot fait observer avec raison l'erreur de M. Port, qui fait remonter le camp de la Bauge à l'époque gauloise (3).

Le plateau de *Chênehutte-les-Tuffeaux*, situé entre la Loire et un ravin, est fermé à l'ouest par une levée de 4 à 7 mètres de hauteur sur 250 de longueur. C'est un ovale de 950 mètres de circonférence. On appelle ce lieu *Châtelier*, et on y a trouvé beaucoup de débris romains. Était-ce un châtelier du IVᵉ siècle ou un établissement antérieur, peut-être la station *Rubrica* ? La question est douteuse (4).

---

(1) *Dict. hist. de Maine-et-Loire*, par Port.
(2) *Topogr. gallo-romaine de Maine-et-Loire*, par Godard. — *Recherches sur l'origine de Chollet*, par Pissot, 1882.
(3) *Recherches sur l'origine de Chollet*, par Pissot.
(4) *Topogr. gallo-romaine de Maine-et-Loire*, par Godard.

MAINE

SARTHE ET MAYENNE

Le *Châtellier* d'Allonne, près du Mans. Plusieurs autres châtelliers existent autour de cette dernière ville, d'après M. l'abbé Voisin (1).

La *Chartre* sur le Loir (Sarthe).

Le *Camp*, commune de Mansigné, non loin de la Flèche, situé sur un coteau, au confluent du Loir et de l'Aune, était évidemment un camp romain. On a trouvé des tuiles à rebords au pied du coteau (2).

Les *Châteliers*, près de la ville de Mayenne, rappellent par leur nom un ancien camp. En face, dans la rivière de la Mayenne, existe un gué romain, à Saint-Léonard, dont le camp défendait le passage. On y a trouvé une borne milliaire et 16,000 monnaies romaines de César à Tétricus. C'était le passage de la voie de Jublains à Avranches (3).

Il y a dans le département de la Mayenne 29 lieux dits *Châteliers*, où doivent encore assurément subsister des vestiges plus ou moins considérables de camps romains, semblables à ceux décrits plus haut. Nous allons donner, d'après le *Dictionnaire topographique* de M. Maître, la nomenclature des communes où ils se trouvent : Chailland, Chapelle-au-Riboul, Château-Gontier, Chérancé, Entrammes, Fontaine-Couverte, Fromentières, Laigné, Livré, Loup-Fougères, Marigné-Peuton, Pommerieux, Pré-en-Pail, Saint-Berthevin, Saint-Berthevin-la-Tannière, Saint-Calais-du-Désert, Saint-Hilaire-des-Landes, Saint-Saturnin-du-Limet, Saint-Thomas-de-Courceriers, Soucé, Trans, Vaiges, Sainte-Gemme-le-Robert, Saint-Aignan-sur-Roe, Sainte-Gemme-le-Guillaume, Bonchamp, la Dorée, Méral.

On trouve aussi dans le même département : le grand *Châtillon*,

---

(1) *Les Cénomans anciens et modernes.*
(2) *Hist. de la Flèche*, par de Montzey.
(3) *Bull. de la Société d'archéol. de la Mayenne*, 1865. — *Revue des Sociétés savantes*, 1868, 2ᵉ sem., p. 263.

commune de la Cropte; le petit *Châtillon* (Meslay); le petit *Châtillon* (Saint-Pierre-sur-Orthe).

Châtres, canton d'Évron, est désigné sous le nom significatif de *castra*, par un acte de 642 (1).

Enfin, il y a encore le *camp* (Saint-Berthevin) et le *camp* (Saint-Ouen-des-Toits) (2).

Le lieu dit les *Châteaux* ou les *Hauts-Châteaux*, commune de Thorigné-en-Charaie, présente une vaste enceinte oblongue de 450 mètres de longueur sur 150 de largeur. Elle est divisée en trois parties par des fossés de 8 mètres et des retranchements en terre de 18 mètres de hauteur. Dans une de ces portions s'élève un donjon d'apparence très antique, du XI° siècle probablement, mais postérieur au camp qui est romain. Des figurines en bronze, des fioles de verre romaines ont été découvertes dans cette enceinte. La voie de Jublains passait là, ainsi qu'à un autre lieu dit le *Châtelet* en Thorigné (3).

Nous ne parlerons pas du célèbre castrum de Jublains et de ses curieuses murailles, parce qu'il ne semble avoir aucun rapport avec nos châtelliers.

NORMANDIE

Camp *de la Bruyère-d'Ouezy* (Calvados), enceinte rectangulaire irrégulière, de 329 pieds de long sur une largeur variant de 215 à 160 pieds. Deux portes s'ouvrent dans les remparts en face l'une de l'autre (4). Un autre camp à Escures, dit camp de César, est à une lieue de celui d'Ouezy. Il était carré et est en partie détruit.

Camp *du Plessis-Grimault* (Calvados), rectangle de 247 pieds sur 196, accompagné d'une autre petite enceinte carrée sur son flanc. Les angles sont arrondis. Il y a deux portes se faisant face (5).

Camp *de Benouville* (Calvados), près la voie romaine de Bayeux, rectangle aux angles arrondis, de 417 pieds sur 250 et 208, avec remparts de 5 à 15 pieds. On y a trouvé des tuiles à rebords (6).

---

(1) *Dict. topographique de la Mayenne.* (2) Idem.
(3) *Congrès archéol. du Mans*, 1879, p. 222. — *Dict. topogr. de la Mayenne.*
(4) *Cours d'antiquités monumentales*, par de Caumont, 2° partie, p. 320 et atlas. — (5) Idem p. 325. — (6) Idem, p. 319.

Camp *de Campandré* (Calvados), rectangle aux angles arrondis, de 200 pieds sur 160 (1).

Le *Catellier* de Quevrue (Calvados), rectangle irrégulier, long de 344 pieds, sur une longueur variant de 380 à 320 (2). Il est situé dans un bois, sur une éminence, près Saint-Pierre-sur-Dive. Ses fossés ont 4 à 5 pieds de profondeur et sont bien conservés. On y a trouvé des poteries et des pavés.

Camp *de Hottot* (Calvados), rectangle irrégulier de 600 et 660 pieds sur 390 (3).

Camp *d'Escures*, près de Port-en-Bessin (Calvados), enceinte demi-circulaire de 840 pieds sur 360 et 240 (4), située sur une éminence. On y a trouvé des objets romains.

Camp *des Trois-Monts-sur-l'Orne* (Calvados), de forme triangulaire, mesurant 450 pieds sur 420 (5).

Camp *de Castillon*, près Balleroy (Calvados), sur un promontoire, avec vallum à la gorge, mesurant 1,200 pieds sur 620 (6). Il est de forme triangulaire.

Le grand *Catellier* de Saint-Désir, près Lisieux, grande enceinte ovale irrégulière de 5400 pieds sur 3600, munie d'une porte et défendue par trois vallées et un retranchement de 12 à 15 pieds de hauteur (7).

Il y avait plusieurs camps autour de Lisieux, un à Saint-Pierre-de-Canteloup, un autre au Pin, de forme carrée, un autre à Ouilly, sur un promontoire escarpé. On a trouvé dans tous ces lieux de nombreux débris romains (8).

La *Catellerie*, près Savigny et Cerisy, aux limites de la Manche et du Calvados, était également un ancien camp (9).

Il y en avait encore d'autres à Montchauvet, non loin de celui du Plessis, au Tombet, près de Saint-Aubin, vers la côte de la mer, à Moulimes, à Saint-Quentin et à Mont-d'Eraines, près Saint-Quentin (10).

---

(1) *Cours d'antiquité monumentale*, par de Caumont, 2ᵉ partie, p. 325, et atlas. — (2) Idem, p. 321.
(3) *Cours d'antiq. monum.*, par de Caumont, 2ᵉ partie, atlas.—(4) Idem, p. 313. — (5) Idem, p. 324. — (6) Idem. — (7) Idem, p. 322. — (8) Idem, p. 323. — (9) Idem. — (10) Idem.

Camp *de Bernières* (Calvados), sur la rive dite saxonique, aux IIIe et IVe siècles. Caylus le considérait comme romain (1).

Camp *de Banville*, sur un colline de la rive gauche de la Seulles, formant promontoire et fermée à la gorge par un rempart. On a trouvé dans le voisinage des ruines romaines et dans l'enceinte même des rangs de gros clous à crochets destinés à attacher les tentes (2).

Camp *de Moult*, appelé la *Hogue*, assis sur une colline de la campagne de Caen. Il est de forme carrée et borde la voie romaine de Vieux à Lisieux. On a trouvé près de ce camp des médailles de Constantin (3).

Camp *du Chastelier*, à Blanche-Lande (Orne), près la voie romaine d'Argentan à Vire, non loin duquel on a découvert de curieuses marmites en bronze romaines (4). Il est demi-circulaire, mesurant 1140 pieds sur 680 et muni d'une porte (5). Rempart en pierres et terre de 30 pieds. Monnaies romaines.

Camp *de Bier*, commune de Merry, à deux lieues d'Argentan (Orne), formant une sorte de triangle irrégulier de 1350 pieds sur 990 et 372 (6). On y a trouvé des tuiles à rebords et des poteries.

Camps *de Montabar* et *de Francheville*, non loin d'Argentan. Celui de Francheville est carré de 120 pieds sur chaque face (7).

La célèbre enceinte de Limes, près Dieppe, dite *Camp de César*, n'a pas moins de 55 hectares. Située sur le bord de la mer et de forme triangulaire, elle est défendue par un rempart de 15 mètres de hauteur et par deux fossés où sont percées trois portes. Il y a des restes de tuguria dans les fossés intérieurs. Le territoire voisin de la falaise se nomme les *Catelets*, le *Catel* ou *Catelier*. On a trouvé dans cette enceinte beaucoup de débris gaulois et romains, un casque en bronze, des monnaies gauloises en bronze et des monnaies romaines, depuis Auguste jusqu'à Valens (378). M. Cochet pense que c'était un camp gaulois réoccupé et fortifié par les Romains lors des

---

(1) *Travaux militaires des bords de la Seine*, par Fallue, apud *Mém. antiq. de Norm.*, t. IX, p. 180.
(2) *Cours d'antiq. monum.*, t. II, p. 315.
(3) Idem, p. 319.
(4) *Bull. monum.*, 1875, p. 78.
(5) *Cours d'antiq. monum.*, 2e partie, p. 329, atlas.
(6) Idem, p. 327.
(7) *Cours d'antiq. monum.*, t. II, p. 328.

invasions barbares. Il avait pour but évident la défense des côtes contre les pirates saxons (1).

Le Camp *de César* ou *du Canada*, près Fécamp, est d'une étendue égale à celui de Limes, et présente avec lui de grands rapports d'analogie (2).

Le Camp *de César*, à Sandouville, à trois lieues du Havre, est une enceinte de 145 hectares, défendue par la Seine, par les falaises, par les vallons de Mortemer, et à l'est par de grands remparts en terre de 15 à 20 mètres de hauteur. On y a trouvé un guerrier avec sa lance et des poteries romaines. M. Cochet fait remarquer que des archéologues ont considéré ce camp comme étant le *Constantia castra* de Constance Chlore, dont parle Ammien Marcellin (3).

La *Motte*, près Aumale, où il y a une petite enceinte fossoyée (4).

Le *Catel* ou *Château*, à Conteville, est une grande motte de 30 mètres de diamètre à son sommet et dans laquelle on a trouvé des tuiles à rebords. Un terrassement nommé *le Fossé-du-Roi* prend naissance à cette motte et s'étend jusqu'à Retonval sur une longueur de 12 kilomètres (5).

Enceinte carrée, sur la côte, au Bec-aux-Cauchois, commune de Valmont (6).

Sur une colline qui regarde Rouen, à Blosseville-Bonsecours, existe un retranchement triangulaire avec vallum de 150 mètres, appelé *Château de Thuringe*. D'après M. Cochet, il a dû exister un *Catelier* sur la côte du Mont-Sainte-Catherine, ainsi que l'indiquent les termes d'un ancien document : *Partem de Castellario* (7).

Dans le bois d'Azelonde, commune de Criquetot-Lesneval, on a signalé un camp entouré de fossés (8).

Un autre de 4 hectares d'étendue a été signalé sur une colline, au sud de Douvrend (9).

(1) *Répert. arch. de la Seine-Inférieure*, par l'abbé Cochet, p. 63-67.
(2) Idem, p. 106.
(3) Idem, p. 155. — *Travaux milit. de la Seine*, par Fallue.
(4) *Répert. arch. de la Seine-Inférieure*, p. 168. — (5) Idem, p. 168. — (6) Idem, p. 548.
(7) *Répert. arch. de la Seine-Inférieure*, p. 266. — *Travaux militaires des bords de la Seine*.
(8) *Répert. arch. de la Seine-Inférieure*, p. 98. — (9) Idem, p. 28.

Le Camp *de Mortagne*, sur une colline dominant Incheville, défendu par un rempart de 4 à 5 mètres de hauteur. On a trouvé à ses pieds des sépultures romaines des ɪᴠᵉ et ᴠᵉ siècles et un quinaire de Magnus Maximus (1).

Dans le bois de Jumièges il y avait un très vieux camp mentionné dans la vie de saint Philibert : *Ibidem castrum condiderunt antiqui.* Pour M. Fallue, cette expression *antiqui* désigne clairement les Romains (2).

Une enceinte carrée d'un hectare, aux angles arrondis, existe au hameau du Vieux-Louvetot. Les retranchements ont 4 à 5 mètres de hauteur et à l'angle sud-ouest s'élève un tertre de 15 à 20 mètres de hauteur (3).

Le Camp *du Catelier*, à Boudeville, situé dans un bois sur la Seine, commune de Saint-Nicolas-de-la-Taille, contient 150 hectares. Il est circulaire d'un côté et est entouré d'un double fossé (4).

Une enceinte non moins vaste appelée *le Catelier, la Ville-des-Cateliers*, existe dans les bois de Varengeville, commune de Saint-Pierre-de-Varengeville, sur les coteaux de la Seine. Un triple fossé la renferme du côté de la plaine. Il y a une motte ou vigie (5).

Le Camp dit *le Vieux-Château*, commune de Valmont, situé sur un coteau dominant le bourg est de forme carrée (6).

Le Camp *de la Bouteillerie*, commune de Varneville-Bretteville, est une enceinte d'un hectare et demi, aujourd'hui couverte de bois. Une plate-forme circulaire est entourée de deux fossés de 4 mètres de profondeur. On y a trouvé des tuiles à rebords et des meules (7).

Le *Catelier* de Veulettes n'a plus qu'une partie de ses retranchements. Le reste est tombé à la mer. Il pouvait avoir 14 à 1500 mètres. On y a recueilli des bronzes du Bas-Empire (8).

Les *Catels* ou *Cateliers*, commune de Villequier, enceinte fortifiée sur la côte de la mer.

Dans la forêt de Brotonne, il y a le *Catelier* de Watteville et le

---

(1) *Réport. arch. de la Seine-Inférieure*, p. 42.
(2) Idem, p. 303. — *Travaux milit. des bords de la Seine.*
(3) *Répert. arch. de la la Seine-Inférieure*, p. 495.
(4) Idem, 138. — *Travaux milit. des bords de la Seine.*
(5) *Répert. arch.*, p. 321. — *Travaux milit. de la Seine.*
(6) *Répert. arch. de la Seine-Inférieure.* — (7) Idem.
(8) *Répert. arch. de la Seine-Inférieure*, p. 483.

Catelier de Lendin. On a trouvé dans ce dernier une villa romaine, des poteries rouges et des monnaies dont les dernières sont de Constantin.

Le *Catellier-Pelletot* était une motte, reste d'un castrum antique, située devant l'église. On y a trouvé, en la démolissant, des murs, des poteries et monnaies romaines.

Les *Catelets*, commune de Cuverville-sur-Etretat, où l'on a trouvé des débris antiques.

Les *Cateliers*, dans la forêt d'Eu, ont fourni des meules et des monnaies romaines.

Les *Cateliers*, commune de Foucarmont. On y a découvert des poteries et monnaies romaines ainsi que des sépultures qui ont donné un sabre et une plaque de ceinturon.

Le *Catelier*, commune de Mauny. Le *Catelier* à Radicatel, commune de Saint-Jean-de-Folleville, près d'une villa romaine. Motte *du Catelier*, avec un puits au centre, commune de Roquefort. Le *Catelier*, commune de Sept-Meules. Le *Catelier*, muni encore de terrassements, commune de Torcy-le-Grand. Tertre *du Catelier*, reste d'un camp ancien tombé à la mer, commune de Varengeville-sur-Mer.

Camp *de Duclair*, appelé le *Catel*, sur le bord de la Seine (1).

Le *Catelier* à l'embouchure de la Durdent (2).

Le département de l'Eure renferme également beaucoup de lieux dits *Cateliers*, *Catelets*, *Châteliers*, *Châtelets*, *Camp*, etc. (3). On trouve des *Cateliers* dans les forêts de Lyons et de Montfort et dans les communes de Criquebeuf, Pont-Saint-Pierre, Saint-Aubin-de-Thenney, Saint-Nicolas-du-Bosc-l'Abbé, Sainte-Opportune, près Vieux-Port, Saint-Thurien, Trouville-la-Haulle, Ailly, Bosguérard de Marouville, Morainville, la Chapelle-du-Bois-des-Faux, Louviers, Saint-Aubin-d'Ecrosville. L'un d'eux se trouve à Évreux, à l'angle de la côte qui sépare la vallée de l'Iton et le val Iton.

Il y a des *Châteliers* dans les communes de Bourth, Emalleville, Fidelaire, la Houssaye, Noyer-en-Ouche. L'un d'eux a conservé encore des traces entre le val Iton et la vallée d'Évreux.

---

(1) *Travaux milit. des bords de la Seine.* — (2) Idem.
(3) *Dict. topogr. de l'Eure*, par de Blosseville.

On trouve des *Catelets* dans les communes de Boisney, Carsix, Bouquelou, Freneuse-sur-Risle, Manneville-le-Raoult, Saint-Pierre-de-Cormeille, et des *Châtelets* à Bois-Normand, près Lyre, à Bourth, dans la forêt de Vernon et dans la commune des Barils.

Le lieu dit *le Camp* est un gros monticule à Condé, rive gauche de l'Iton, où l'on a trouvé beaucoup de débris romains.

Le Camp *des Anglais* est le nom populaire donné à des retranchements plus anciens, situés à la Roque-sur-Risle.

Le Camp *de César* est une enceinte carrée, au Plessis-Sainte-Opportune.

Le Camp *de César*, dont des vestiges subsistent encore sur un coteau dominant Vernon.

Il existe d'autres lieux dits *Camps*, à Malou, à Berthomas, à la Trinité de Thouberville, à Alisay, Saint-Germain-la-Campagne, Farceaux, la Haye-Malherbe, Fresne-l'Archevêque, Bosbénard-Commin, Acquigny, les Andelys, Gaillon, Bourgachard et Radepont.

On trouve des *Castels* ou *Châtels* dans les communes de Grandchain, Lieurey, la Roque-sur-Risle, Illeville-sur-Montfort. L'un est une colline du faubourg Saint-Aignan de Pont-Audemer, considérée comme camp romain (1). Un autre est appelé *Châtel-la-Lune*, jadis *Castrum-Lune*, à Noyer-en-Ouche (2).

Le nom de *Château*, avec ou sans qualification, est donné à plusieurs lieux dans les communes de Corneuil, Morsan, Saint-Pierre-du-Val, Launay, Villers-sur-le-Roule, Bois-Maillard, Saint-Denis-le-Ferment, Bizy, Nonancourt, Perriers-sur-Andelle.

Le *Château-Robert* est un promontoire situé sur le bord de l'Eure, vis-à-vis du château d'Acquigny et près des ruines de Cambremont. Du côté du nord-est, là où l'escarpement du terrain présente une défense naturelle, les retranchements sont peu élevés; mais là où le promontoire se resserre pour se réunir au plateau, il y a un fossé de 10 mètres de largeur et 6 de profondeur, accompagné d'un rempart en terre de 20 mètres de hauteur, le tout se prolongeant sur une longueur de 200 mètres (3).

Le *Château-Sarrazin*, à Amfreville-sous-les-Monts, mérite une

---

(1) *Dict. topogr. de l'Eure*, p. 47. — (2) Idem.
(3) *Congrès archéologique de France*, séances tenues à Louviers, 1856, p. 236.

mention particulière, parce que l'on rencontre dans toutes les provinces des gisements romains ainsi désignés (1).

Le *Fort-aux-Anglais*, enceinte retranchée dans un bois, au-dessus de Becdal-sur-le-Mesnil-Jourdain n'est autre chose qu'un camp romain rectangulaire, de 100 mètres sur 85. Une porte est encore visible sur la face orientale. La physionomie romaine si bien caractérisée de cette enceinte prouve combien il faut attacher peu d'importance au nom de *Fort-Anglais* qui lui est donné sans motif comme à tant d'autres (2).

Il en est de même du *Fort-Saint-Marc*, situé sur un coteau en face de Serquigny (3).

Enfin d'autres lieux dits les *Forts*, les *Fortelles*, dans les communes de Fort-Moville, Authevernes, les Damps, Lisors, Garencières, Bourneville, la Noë-Poulain ont conservé par leurs dénominations, là comme dans les autres provinces, le souvenir de campements semblables (4).

Dans le département de la Manche, les débris d'un camp considérable existent aux Monts, commune de Flottemanville (5). Un autre fort romain existait au lieu dit *Castel Vandon*, commune de Gréville. On y a trouvé des médailles de l'époque (6).

Sur la lande des *Cottes*, commune de Vauville, se voient les vestiges d'un camp semblable, près duquel s'élèvent des tumulus de 8 mètres de circonférence (7).

Un autre camp existe sur une élévation voisine de la lande de Héauville, dominant la voie romaine d'Omonville, commune de Teurthéville-Hague. On y a trouvé des tuiles romaines, et on y remarque le lieu dit *Fosse du Chatel* (8).

Le *Grand-Camp*, commune de Tourlaville, dont les vestiges considérables subsistent, domine la baie de Cherbourg (9).

Une partie de la forêt de *Barnavast*, commune du Theil, était occupée par un camp romain (10).

Le *Grand-Catel*, commune de Maupertus, dont un retranchement

---

(1) *Dict. topogr. de l'Eure.*
(2) Idem, p. 88. — *Congrès archéologique*, 1856, p. 239.
(3) *Dict. topogr. de l'Eure*, p. 89. — (4) Idem.
(5) *Les Olim de l'arrondissement de Cherbourg*, par de Pontaumont, p. 127, apud *Mém. Soc. acad. de Cherbourg*, 1879. — (6) Idem, p. 128. — (7) Idem, p. 141. — (8) Idem, p. 48.
(9) *Les Olim de l'arrondissement de Cherbourg*, p. 59. — (10) Idem, p. 76.

subsiste encore, et où l'on a trouvé des monnaies romaines, était une ancienne vigie transformée en château-fort au moyen âge (1).

Camp du *Bois-du-Chatelier*, commune du Petit-Celland (2).

Des restes de retranchements contenant des débris romains se voient dans la lande de *Tesneville*, commune de Saint-Pierre-Église (3).

Coutances (Castra Constantia) tire son nom de Constance Chlore, qui a élevé, on le sait, plusieurs camps pour la défense des côtes du nord de la Gaule contre les pirates saxons. C'était la résidence du *præfectus militum Constantiæ Lugdunensis II*, indiqué par la *Notice des dignités* au ɪᴠᵉ siècle (4).

Un autre camp romain existe sur la côte, au sud du cap de la Hague, entre Auderville et Herqueville, non loin de l'antique Coriallo, dont l'emplacement exact n'est point encore déterminé. C'était un de ces postes des côtes destinés à surveiller les descentes des pirates saxons (5).

BRETAGNE

Le *Châtellier*, près Janzé (Ille-et-Vilaine).

Le *Châtellier*, près Saint-Germain-en-Coglés (Ille-et-Vilaine).

Un ancien camp entouré de remparts de terre existe au nord de Vézin, près Rennes (6).

Le *Chatel*, à Gaël, également entouré de remparts en terre (7).

Un camp à double enceinte existe près Saint-Gilles-du-Vieux-Marché (8).

Deux autres camps ont été signalés dans Saint-Aubin-d'Aubigné (Ille-et-Vilaine) (9).

Pléchatel, sur la voie romaine de Rennes à Nantes, tire son nom d'après M. de Courson, d'un antique *castellum* (10).

Le camp vitrifié de *Péran*, à 10 kilomètres sud de Saint-Brieuc, à 300 mètres de la voie romaine de Corseult à Carhaix, est une en-

(1) *Les Olim de l'arrondissement de Cherbourg*, p. 78.
(2) *Mém. de M. Girard.* — Avranches, 1838. — (3) *Les Olim de l'arrondissement de Cherbourg*, p. 83.
(4) *Travaux milit. des bords de la Seine*, par Fallue.
(5) *Géographie hist. de la Gaule romaine*, par Desjardins, t. I, p. 334-335.
(6) *La Bretagne du Vᵉ au XIIᵉ siècle*, par de Courson. — (7) Idem. — (8) Idem.
— (9) Idem. — (10) Idem.

ceinte formée de deux remparts concentriques qui ont subi l'action du feu et défendue par deux fossés. L'enceinte intérieure, ovoïde, mesure 390 mètres de développement. On y a trouvé des briques à crochets qui portent aussi la trace du feu. Quels que soient le mode et le but très discutés qui aient été employés pour produire la vitrification, il ne semble pas qu'on puisse attribuer cette fortification à d'autres qu'aux Romains. Les antiquaires qui l'ont étudiée ont dit avec raison qu'on sentait dans tout l'ouvrage le souvenir d'une castramétation ancienne et raisonnée. Leur conclusion est qu'il date de la fin de la domination romaine et de l'époque des premières invasions du littoral armoricain, c'est-à-dire du IIIe au VIe siècle (1). Ce n'est donc pas s'en éloigner, que de préciser davantage en lui assignant pour date le IVe siècle et en le faisant rentrer dans le système général des *Châteliers* qui avaient pour double but, comme nous essayons de le démontrer, la défense du pays contre les pirates, et le maintien de la domination romaine contre les révoltes des Bagaudes.

Le Camp *de Durestal*, commune de Hénansal (Côtes-du-Nord), sur la rivière de Frémur, est une enceinte en ellipse, coupée par la rivière. Ses remparts en terre ont 8 mètres de hauteur. Il s'y trouve une butte artificielle de 16 mètres, comme dans plusieurs autres camps. On fait remonter celui-ci à la même époque que le précédent (2).

Le *Châtellier*, sur la Rance, non loin de Dinan, et les *Châtelets*, non loin du camp de *Péran*, ont été aussi certainement des points militaires romains.

Un camp à triple enceinte existe près de Loudéac (3).

Le *Châtelier*, au sud d'Eréac, arrondissement de Dinan, tumulus de 4 mètres 50 de hauteur, entouré de fossés (4).

Retranchement entouré de talus à Plédéliac, canton de Jugon, ayant 80 mètres de côté. Tumulus aux quatre angles et au centre.

Le Château *de Montafilant* en ruines est construit sur l'emplacement d'un castrum romain, commune de Corseul.

Camp retranché au Plessis, au sud de Plorec, canton de Plélan.

(1) *Mémoires lus à la Sorbonne*, 1866.
(2) *Revue des Sociétés savantes*, 1870, 2e semestre, p. 413.
(3) *La Bretagne du Ve au XIIe siècle*.
(4) *Deuxième inventaire des monuments mégalithiques des Côtes-du-Nord*, par de la Chenelière, 1883.

Le *Camp*, commune de Gurunhuel, nom que porte une hauteur où se trouve une vaste enceinte carrée de plus d'un kilomètre.

Enceinte de 100 mètres de tour, avec un tumulus entouré de fossés, haut de 12 mètres au centre, près Commore, commune de Tréglamus, canton de Belle-Isle.

Enceinte en terre avec fossé profond, près Taélouan, au sud de Plesidy, canton de Bourbriac. On y a trouvé deux meules, un vase et une statuette en bronze.

Enceinte circulaire entourée de fossés, près la montagne Saint-Gildas, commune de Carnoët, canton de Callac.

Enceinte fortifiée à Rudulgoat, près le Moustoir, canton de Mael-Carhaix.

Enceinte à Castellodic, commune de Paule. Découverte de silex, poteries et épée en bronze.

Enceinte près Coatantors, commune de Brélidy, canton de Pontrieux, dans laquelle ont été trouvées une urne et beaucoup de monnaies du Haut-Empire.

Camp retranché au Faouëdic, commune de Glomel, canton de Rostrenen.

Camp retranché, près le moulin de Kerboscont, au nord de Rostrenen, dans lequel on a trouvé des monnaies romaines et des poteries rouges, avec débris gaulois.

Camp retranché, ovale, de 60 mètres sur 51, au Pélinec, commune de Canihuel, canton de Saint-Nicolas-du-Pélem.

Deux enceintes circulaires entourées de fossés à Kerbellec, commune de Saint-Counan.

Enceinte fortifiée dite *Castel-an-Olifanten*, commune de Caouennec, canton de Lannion.

Enceinte fortifiée avec tumulus au centre, près la Roche-Derrien.

Camp retranché où l'on a trouvé des briques à crochet, à *Kergourognon*, commune de Prat.

Enceinte fortifiée à Roudoullou, près de Reslco, commune de Ploumilliau, canton de Plestin.

Deux enceintes près Thédrez.

Vaste enceinte triangulaire à *Castel-Du*, commune de Langoat, canton de Tréguier.

Dans le bois de la Hue au Gal, près la lande, sont deux enceintes quadrangulaires ayant 100 mètres de côté, commune du Haut-Corlay.

Enceinte fortifiée dans la lande du Verga, au sud de la commune de la Ferrière, canton de la Chèze.

Enceinte rectangulaire à 1 kilomètre au nord de Saint-Caradec, canton de Loudéac.

Enceinte entourée de fossés, ayant 50 mètres de côté, dite *Camp de César*, près Cadélac, commune de Saint-Caradec.

Enceinte en terre avec tumulus au centre, commune de Merdrignac.

Enceinte rectangulaire de 120 mètres de longueur sur 80 de largeur, appelée *Cour-Durand*, située à Belair, au nord de Plémy, canton de Plouguenast.

Enceinte elliptique à Corneau, commune de Plémy.

Enceinte circulaire entourée de fossés, dominant le pays, dans le taillis de Saint-Théo, commune de Plouguenast.

Enceinte ovale de 40 mètres sur 52, avec fossé, au Petit-Moulin, commune de Plouguenast.

Débris d'une enceinte près du village *des Douves*, commune d'Allineuc, canton d'Uzel.

Camp du *Château-Goëllo*, commune de Plélo, canton de Châtel-Audren.

Enceinte fortifiée de la Ville-Goury, commune de Lantic, canton d'Étables.

Enceinte circulaire entourée de fossés, de 120 mètres de circonférence, dite le *Château-de-la-Cave*, au sud de Trédantel, canton de Moncontour.

Enceinte avec deux levées de terre séparées par un fossé profond, située sur une pointe appelée *le Fort*, dans la lande de la Garenne, au nord d'Erquy, canton de Pléneuf.

Enceinte fortifiée, commune de Lanfains, sur la route de Quintin à Uzel (1).

Dans le département du Morbihan, beaucoup de lieux dits, indiquant l'existence d'anciennes enceintes, sont signalés par le *Dictionnaire topographique*. On y remarque le *Châtelier*, dans la commune de Guer; le *Châtelier*, commune de la Gacilly; et le *Châtelier*,

_____
(1) *Monum. mégalithiques des Côtes-du-Nord*, 1883.

commune de Saint-Gravé. Puis deux *Châtelets* se trouvent dans les communes de Pleugriffet et de Lizio, où existe un retranchement carré; on y a trouvé une lance et une urne (1).

Le *Camp*, lieu dit de la commune de Naizin, a conservé ses retranchements romains, carrés, de 60 mètres de côté (2).

La croix du *Camp* (Saint-Thuriau) et la lande du *Camp* (Saint-Guyomard) ont conservé des traces de même nature. Un camp carré de 50 mètres de côté se trouve dans la lande du *Camp* (3).

Des retranchements romains sont signalés à *Castel-Coëteven*, commune de Ploerdut; à *Castel-Maxé-er-houed*, parallélogramme de 100 mètres de contour avec parapets de 5 mètres, commune de Nostang; à *Castel-Vouden*, commune de Roudouallec (4).

Castennec, commune de Bieuzy, s'appelait *Castellum-Noec* en 1066 (5). L'emplacement du camp se nomme *Camp-de-la-Garde*. On y a trouvé deux bornes milliaires, des lances en bronze et des monnaies impériales (6).

Le *Château* est un lieu dit que l'on rencontre dans dix-neuf communes, et où l'on voit encore plusieurs traces de retranchements : Augan, Caden, Caro, Grand-Champ, Kervignac, Languidic, Larré, Locmaria, Moréac, Nivillac, Péaule, Plœmeur, Plouharnel, Plumélian, Quistinic, Rochefort, Saint-Jean-Brévelay, Sulniac, Theix (7).

Château-Blanc est un camp romain signalé dans Plumelec (8).

La lande du *Fort* (Port-Philippe), le grand et le petit *Fort* (Arzon), la lande du *Fort-Bois* (Saint-Congard) devaient être aussi d'anciens campements (9).

Un retranchement romain dit *Fort de Kervédan* ou *Camp des Romains* existe sur la pointe du château de Kervédan, sur le bord de l'Océan, commune de Groix (10).

A Keryen, commune de Bieuzy, il existe aussi des ruines de fortifications romaines (11).

Dans la commune de Plouay, autour de la chapelle Sainte-Anne, on voit un retranchement circulaire de 150 mètres de circonférence,

---

(1) *Dict. topogr. du Morbihan*, par Rosenzweig, et *Répert. arch.*, 140.
(2) Idem. — *Répert. arch.*, p. 144.
(3) Idem. — *Répert. arch.*, p. 144.
(4) Idem. — *Répert. arch. du Morbihan*, p. 59. — (5) Idem.
(6) *Répert. arch.*, p. 69. — (7) Idem. — (8) Idem.
(9) Idem. — (10) Idem. — (11) Idem.

avec douves et parapets. A Kernouen, même commune, est une autre enceinte fortifiée, classée, comme la précédente, parmi les constructions romaines (1).

Deux camps de même époque sont situés à Saint-Dégan, commune de Brech, un de chaque côté de la voie romaine de Vannes à Hennebon.

Dans la commune de Pluvigner existent plusieurs retranchements semblables, les uns elliptiques, les autres circulaires.

Coet-Ligné, commune de Baud, retranchement carré de 165 mètres de circonférence.

Kérival, commune de Guénin, fortification rectangulaire.

Kervéno, commune de Cléguérec, retranchement circulaire de 60 à 66 mètres de diamètre. Un autre semblable à Kerguerno a été détruit.

Sur la lande des *Quatre-Vents*, commune de Neuillac, est un retranchement carré de 72 mètres sur 60. C'est un petit châtellier bien caractérisé.

Près de Toulaou-Brohet, commune de Seglien, retranchement rectangulaire de 75 mètres sur 50, aussi romain que le précédent.

Près de Zincec, commune de Berné, retranchement circulaire de 320 mètres de circonférence.

Près de Quistinit, commune de Gourin, retranchement en partie détruit.

Près de Ker-Castello, commune de Langonnet, retranchements romains.

Camp circulaire de 24 mètres de diamètre à Er-Hoh-Castel, commune de Plouray. Autre camp elliptique de 100 mètres sur 60 à Lann-Poupéric, même commune. Autre semblable de 80 mètres sur 50, à Lann-er-Motennou, même commune. Autre retranchement circulaire de 40 mètres de diamètre dans la lande de *Er-Hoh-Castel* (le Vieux-Château), près Kerniguès, même commune (2).

Près de Merzer, commune de Langoëlan, retranchement circulaire de 50 mètres de diamètre. Près de Penfao, même commune, retranchement semblable dit *Er-Hoh-Castel* (le Vieux-Château) (3).

(1) *Répert. arch. du Morbihan*, par Rosenzweig, p. 39.
(2) Idem, p. 98.
(3) Idem, p. 101.

Locmalo, retranchement dit *Parc-Coh-Castel* (Champ du Vieux-Château). A Kerbellec, même commune, retranchement quadrilatéral de 60 mètres sur 50. Près de Lez-Maëc, même commune, autre camp de 420 mètres de circonférence.

Près de Quénépazan, commune de Ploerdüt, camp elliptique de 100 mètres sur 85. Près du bois de Beloste, même commune, camp rectangulaire de 70 mètres sur 35. Dans la lande de Lochrist, même commune, camp carré de 70 mètres de côté. Près Coacren, même commune, autre camp quadrilatéral de 80 mètres sur 70.

Camp romain de *Kerbernard*, commune de Moustoirac, de 120 mètres de longueur; ruines et poteries romaines.

Camp retranché à la Ville-au-Comte, commune de Monteneuf, près la voie romaine de Rennes à Carhaix.

Retranchements appelés *Camp de Lezcouet* et la *Redoute*, commune de Guégon.

Près la Bodinais, fortification circulaire de 107 mètres de diamètre, commune de Lanouée.

Restes de retranchements aux *Châtelets*, commune de Quily.

Enceinte de 150 pas de côté à la *Tombe-aux-Morts*, commune de Lizio.

Retranchement circulaire de 100 pas de diamètre, au bois Solon, près Malestroit.

Retranchement en forme de trapèze avec parapets de 3 à 4 mètres, près Bot-Hurel, commune de Sérent (1).

Enceinte carrée de 70 mètres de côté à Kerhué, commune de Crédin.

Reste d'un camp romain considérable au petit Clésio, commune de Bignan.

Retranchement carré sur un mamelon élevé près Billio.

Double enceinte circulaire de 230 mètres de diamètre, près Ménéac.

Camp des *Rouets*, formé d'une enceinte elliptique à côté d'une autre pentagonale, situé à Bodiény, commune de Mohon. Au centre de la première enceinte est une butte conique artificielle dite de *Tréhanier*.

Un autre camp carré de 58 mètres sur 54 a été découvert

---

(1) *Réperi. arch. du Morbihan*, p. 145.

Dans le bois de la Chauvaille, commune de Peillac, est une enceinte dite le *Camp romain*, de 200 mètres sur 70, avec parapets de 3 mètres de hauteur. Ce camp est sur la rivière d'Oust, près du lieu dit *Passage des Romains*.

Retranchements à Keranderf, Mérianec, Coh-Castel, Quélenec, commune d'Elven.

Près du moulin du Petit-Luhan, commune de Saint-Nolff, retranchement nommé *Er Fordeu* (les Forts).

Retranchement rectangulaire de 65 mètres sur 53, situé sur la butte du *Tostal*, commune de Sulniac. Au *Château*, même commune, autre camp de 200 mètres de circonférence, avec une motte.

Retranchement sur la butte de *Coh-Castel* (Vieux-Château) dans la commune de Treffléan.

Camp dit *des Romains*, de 600 mètres de circonférence, situé près du Château-du-Mur, commune de Carentoir.

Camp *du Madrid*, carré de 200 pas de côté, commune de Tréal.

Enceinte circulaire de 45 mètres de diamètre, près Cosquer, sur un tertre, commune d'Ambon.

Retranchement à triple enceinte appelée *Castel-Ker-Nevé*, près Mangolérian, commune de Saint-Avé.

Sur la voie romaine de Vannes à Corseul, existe un camp romain appelé le *Fort du Bois-Gabel* ou *Castel-Floch*. Il mesure 104 mètres sur chaque face. Ses fossés ont 8 mètres de largeur, et ses remparts en terre 10 mètres de hauteur. Une seule porte s'ouvre à l'est (1). Ces dimensions concordent très bien avec celles des autres châtelliers observés tant en Bretagne que dans les autres provinces.

Sur la même voie, près de la forêt de la Nouée, à *Prés-Biches*, se trouve un camp carré de 50 ares de superficie appelé *Château de la Vieille Cour* (2).

Près de Coët-Logon, sur la même voie, le Camp dit *des Douves* affecte la forme ovale; il a un demi-hectare. Au delà de Lo-Renan, existe le lieu dit *Châtellier*, souvenir d'un autre camp (3).

A *Lez-Castel* (commune d'Elven), un camp carré de 100 mètres de côté est assis sur une hauteur (4).

Un autre camp carré de 36 mètres sur 34 a été découvert en 1880,

---

(1) *Bull. monum.*, t. IX, art. de M. Bizeul. — (2) Idem. — (3) Idem. — (4) Idem.

près du château d'Erech (commune de Questembert). Les retranchements ont 1 mètre de hauteur environ et 3 mètres 20 d'épaisseur. Il était sur une voie romaine et on a trouvé non loin de là 6,000 monnaies romaines (1).

Au milieu même des célèbres alignements de Carnac, à Kermario, existe un camp romain dit *Camp de César*. Il est rectangulaire et mesure 75 mètres sur 65; ses remparts sont des murs en pierres sèches de 2 mètres de largeur. Plusieurs menhirs des alignements sont englobés dans ces murs ou couchés à leur base; une porte de 4 mètres de largeur ouvre au nord. Sur le côté sud, il y a une petite porte de 2 mètres 50 et une grande de 6 mètres 70 avec un empierrement portant des traces du passage des chariots. M. Miln, explorateur de ce camp, y a trouvé des restes de foyers avec tuiles romaines et une grande masse de poteries et de briques de la même époque, ainsi que des outils en granit et en quartz. Il a constaté, en outre, l'existence de nombreuses fortifications romaines le long de la côte, entre Carnac et Locmariaquer (2).

L'oppidum de Tronoen (commune de Saint-Jean-Trolimon) dans le Finistère, sur un plateau du bord de la mer qui domine la baie de Penmarch, a été un camp romain très important dont le but et l'origine ont été certainement les mêmes que ceux des autres châtelliers. M. du Châtellier, qui l'a exploré, y a découvert un nombre considérable d'objets de l'époque romaine, armes en fer, lances et épées munies de leurs fourreaux, poteries grossières à côté de poteries samiennes, vases en verre, statuettes de Vénus et de Lucine, monnaies gauloises et 50 monnaies d'Auguste à Constantin, fibules de fer et de bronze, tuiles à rebord, débris d'inscription votive sur pierre. Il pense que l'occupation romaine à Tronoen a succédé à un établissement gaulois et qu'elle y a placé un poste militaire pour tenir en bride les indigènes (3). Qu'il y ait eu là un oppidum celtique, c'est possible et même probable. Mais le campement romain si bien indiqué par la nature des trouvailles est ce qu'il y a de plus certain. S'il est vrai qu'il ait été établi pour dominer le pays, sa position montre qu'il a eu aussi et surtout en vue sa défense contre la pira-

(1) *Bull. de la Soc. polym. du Morbihan*, 1880.
(2) Fouilles à Carnac : les alignements de Kermario, par James Miln, 1881.
(3) *Bull. monum.*, 1877, p. 329.

terie. Quant à son origine, les monnaies prouvent qu'il était occupé au IV° siècle. C'est donc toujours l'époque de nos châtelliers.

Un autre camp romain non moins important existait à l'autre extrémité du Finistère. C'est le lieu qu'on appelait *Castellum Leonense* au X° siècle ou *Castel Pol*, aujourd'hui Saint-Pol-de-Léon. Son nom indique son origine militaire essentiellement romaine, et d'ailleurs ses retranchements en terre existaient, quoique déserts et abandonnés, lorsque le saint prêtre breton Pol Aurélien vint en prendre possession en l'année 530. On a découvert dans le sol de la ville de Saint Pol, plusieurs monnaies impériales de Valérien à Maximien (254-310) (1).

Dans la Loire-Inférieure, le castellum de Châteaubriant (*castellum Brientii* des chartes de Marmoutiers) n'a pas laissé de traces apparentes, mais il occupait l'emplacement du château du moyen âge (2).

Sous le vieux château de Derval, aujourd'hui disparu, on retrouve le plan carré, les longs retranchements en terre et les doubles fossés du châtellier primitif (3).

Le *Châtellier*, près Erbray (canton de Saint-Julien de Vouvantes), était une enceinte rectangulaire de 120 mètres sur 100 dont les retranchements en terre de 4 à 5 mètres de hauteur sont encore debout. Les fossés ont 9 mètres de largeur. Une butte occupait le centre de l'enceinte. Des logettes carrées, dont l'une contenait un squelette debout, étaient pratiquées dans les remparts. On a trouvé dans ce camp des tuiles à rebords et des poteries romaines (4).

Le *Châtelier*, près Gatines (commune d'Issé). On y a trouvé des briques, de la grosse poterie et des restes de vieilles constructions (5).

A Moisdon, des retranchements rectangulaires de 300 mètres sur 150 ont été détruits depuis peu de temps (6).

Le *Châtelier* (commune de Sion) (7).

Des retranchements en terre nommés *Château-Robert*, non loin d'un lieu dit *Châtellier*, existent dans le forêt de Saffré.

(1) *La Bretagne contemporaine.*
(2) *Dict. arch. de la Loire-Inférieure*, par Pitre de Lisle, apud *Bull. de la Soc. arch de Nantes*, t. XIX. — (3) Idem. — (4) Idem. — (5) Idem.
(6) *Dict. arch. de la Loire-Inférieure*, par Pitre, etc.
(7) Idem.

Il y a aussi des retranchements en terre et des fossés au lieu dit, *Châtelier*, près Souchay (commune de Puceul).

Deux camps romains en terre avec leurs douves se voyaient, il y a peu d'années, à 1 kilomètre du village du Tertre (commune de Soudan). Ils s'appelaient le grand et le petit *Châtelier*.

On voit des traces de camp sur une butte de la commune de Saint-Aubin-des-Châteaux, nommé *sanctus Albinus de castris* ou *castellis* dans une charte de 1183.

Le Château *de Bé* (commune de Nozay) est une enceinte carrée de 40 mètres de côté avec angles arrondis.

Le Châtellier *du Tertre* (commune de la Meilleraye).

Tous ces camps se reliaient à une grande ligne de défense, immense retranchement en terre de sept lieues de longueur qui, partant d'Auverné, passait dans le Meilleraye, Abbaretz, Nozay, Vay, Marsac, Conquereuil, Pierric, Guéméné-Panfas. A Vay, ce retranchement, haut de 11 à 12 mètres, s'appelle les *fossés rouges*, notamment près la Cour-en-Pibourdel et près l'hôtel Jagueny où se trouve le Château *des Douves*, hauts talus couverts de bois, dessinant un quadrilatère. Dans la même commune de Vay, on remarque un lieu dit les *Chastelliers*. A Conquereuil, le grand retranchement dit les *grands fossés* forme un énorme camp en forme de trapèze, dont le petit côté au nord-est mesure 2,200 mètres. Il passe ensuite au sud-est de Guéméné. Une petite enceinte de 50 mètres sur 16 se remarque à la chapelle de Lieusaint et il y a dans la contrée des lieux dits le *Châtelet*, *Castres*, les *Châtelliers* (1).

M. Pitre de Lisle considère cette grande ligne de défense comme ayant été une frontière entre deux peuples. On pourrait peut-être tenir un certain compte de l'hypothèse s'il était avéré que ces ouvrages fussent gaulois. On sait, en effet, qu'à l'époque de l'indépendance, les tribus celtiques entraient souvent en lutte les unes contre les autres. Mais, sous la domination romaine, elles n'avaient plus qu'un maître qui savait bien maintenir la paix entre elles. L'unité administrative et la prospérité générale avaient fait disparaître les rivalités locales. Or, les procédés réguliers et savants que l'on remarque dans la construction du grand retranchement d'Auverné à

---

(1) *Dict. arch. de la Loire-Inf.* ap. *Bull. Soc. arch. de Nantes*, 1880 et 1882.

Guéméné et des camps qui l'avoisinent dénotent une œuvre des ingénieurs romains. Un grand danger et une forte administration ont pu seules élever ces puissants remparts, alors que l'Empire à son déclin était assailli par la guerre civile et l'invasion barbare. Ce grand ouvrage défensif de l'Armorique a dû jouer le même rôle et être conçu sur le même plan que le *fossé des Sarrazins*, observé en Bas-Poitou par Joussemet, au dernier siècle. Tous deux ont eu pour but principal la défense des côtes contre les pirates. Le voisinage de la mer intérieure, dont l'existence à l'époque romaine sur l'emplacement actuel des marais de la Brière est aujourd'hui démontrée (1), confirme, à notre avis, l'origine et le but du retranchement d'Auverné-Guéméné.

D'autres camps soutenaient cette grande ligne en avant et en arrière. Des restes de remparts et de fossés se remarquent dans la commune d'Avessac, près de Gavressac, à la Hunaudière, à Combras et au Perray Julienne (2).

Le *Châtelet* (commune de Fégréac) (3).

Saint-Clair, près Guenrouet, l'ancien *castrum seium* du Xe siècle etait un camp romain; le village du *Chastellier* est à 400 mètres. Près de là, dans le bois de *Castel*, sur une hauteur au bord de l'Issar, on a trouvé des tuiles à rebords (4).

Dans Blain, l'ancien *castrum Blaen* du cartulaire de Redon, un camp ovale entouré de fossés et joignant le château actuel a presque disparu depuis 1859. Le Camp de *la Massaie*, à 2 kilomètres de Blain, affectant la forme circulaire, mesure plusieurs centaines de mètres de circonférence (5).

Près du village de *Chastel*, commune de Bouvron, est un camp de 50 mètres sur 40. Dans la même commune, au nord du bois de Moere, il y a un retranchement de 200 mètres de longueur sur 2 mètres de hauteur et un lieu dit le *Châtellier*.

Les lieux dits le *Châtellier* et le *Petit Châtellier* existent dans la

---

(1) Kersabiec, Desjardins; Ramé, ap *Revue Soc. sav.*, t. VII, 1878, p. 39 et suiv.
(2) *Dict. arch. de la Loire-Inférieure*, par Pitre de Lisle, ap. *Bull. Soc. arch: de Nantes*, 1880 et 1882.
(3) Idem.
(4) *Bull. monum.*, t. IX, art. de M. Bizeul.
(5) *Dict. arch. de la Loire-Inférieure*, par Pitre de Lisle, 1882.

commune de Cambon. Camp nommé le *Vieux Château*, près la Vieille-Roche, commune d'Assérac. Le *Châtel*, lieu dit, commune de Fay. Le *Châtelier*, commune de Bouée.

Sur la rive gauche de la Loire existent aussi des *Châteliers*, dont les anciens remparts ont été rasés par l'agriculture. On en trouve un à 2 kilomètres environ d'Aigrefeuille, près du village de la Chaussée. Non loin de Château-Thébaud, près du Portillon, l'un des plus anciens gués de la Sèvre, se trouve la *Châtelière*. Un autre lieu dit *Châtelier* existe près de Nantes et de la voie romaine allant à Rézé. (1)

PÉRIGORD

Les *Châteliers* ne sont pas moins nombreux en Périgord que dans les autres provinces. Le *Dictionnaire topographique* de la Dordogne indique une grande quantité de localités portant cette dénomination ou celles qui en sont dérivées, absolument semblables aux désignations relevées partout ailleurs. Il constate l'existence de camps analogues encore existants dans plusieurs de ces localités. S'il n'en mentionne pas partout, c'est que des recherches suffisantes n'ont pas été faites sur cette question intéressante. Mais les noms antiques qui ont persisté attestent suffisamment leur présence.

Le *Châtelier*, commune d'Echourgnac. Le *Châtelet*, motte près la Gravette, commune de Mussidan. Le *Châtelet*, commune de Siorac-Ribérac. Le *Châtelard*, commune de la Chapelle-Faucher. Le *Châtelard*, commune du Petit-Brassac. Le *Châtelard*, commune de Teyjat. *Châtres*, canton de Terrasson, appelé *Castra* dans un titre de 1025. Les *Châtres*, commune de Marsaneix. Les *Châtres*, commune de Savignac-Nontron. Camp *de César*, commune de Brantôme (2).

Camp *de César*, commune de Coulounieix. On y voit encore des vestiges de retranchement sur le coteau de la Boissière. Ce camp, qui domine la ville de Périgueux, l'antique Vésone, est défendu par un ravin d'un côté, et sur les autres côtés par un retranchement de

---

(1) Renseignements donnés par M. Marionneau.
(2) *Dict. topogr.* de la Dordogne.

25 pieds d'élévation dans lequel est pratiquée une porte. Il est divisé en deux parties par un autre retranchement percé d'une porte; on y a trouvé beaucoup de meules de moulins à bras, des fers de flèches et de lances. En dehors du camp, mais dans les terrains voisins, on a rencontré plusieurs urnes cinéraires (1). D'après l'opinion de M. le comte de Taillefer, cet important ouvrage militaire, aussi bien que les autres camps romains observés autour de Périgueux dans un rayon de quelques lieues, seraient l'œuvre du conquérant des Gaules, lorsqu'il fit le blocus de Vésone à l'époque du siège d'*Uxellodunum* (2). Mais ce prétendu blocus est tout à fait imaginaire. Il n'en est nullement question dans les *Commentaires* qui n'auraient certes pas manqué tout au moins de le mentionner s'il avait eu lieu. César n'est même jamais venu en Périgord et ne parle pas une seule fois de Vésone. Loin de remonter à la conquête et d'avoir été construits pour investir cette ville, ces camps ne peuvent dater que de la décadence de l'Empire et n'ont eu pour but que de maintenir sa domination ébranlée.

Camp *de César*, près la Chapelle-Saint-Jean, commune de Naillac. Il existe encore avec ses fossés et ses retranchements sur une éminence très prononcée.

Camp *de César*, commune de Sainte-Eulalie-d'Ans. Il a conservé des vestiges de fortifications sur un promontoire élevé de 60 pieds (3). Il est divisé en deux parties, dont l'une mesure 300 pieds sur 120 (4).

Camp *de César*, commune de Saint-Pardoux, situé sur le plateau de la Bessède, dans un bois, à une demi-lieue d'Urval. Cette enceinte est carrée, mesurant 150 mètres de côté et arrondie aux angles. Les remparts de 2 mètres de hauteur et les fossés sont bien conservés. Deux portes y sont pratiquées, au midi et au nord (5).

Un Camp dit *campus Asturiorum*, dans les anciens titres, aujourd'hui *Atur*, existait sur une hauteur, à une lieue de Périgueux (6).

(1) *Antiquités de Vésone*, t. II, p. 195-201.
(2) Idem, t. II, p. 214.
(3) *Dict. topogr. et antiquités de Vésone*, p. 211.
(4) *Antiquités de Vésone*, t. II, p. 211-213.
(5) *Dict. topogr. de la Dordogne.* — *Bull. de la Soc. archéol. du Périgord*, t. IX, p. 323 (1882). — *Antiq. de Vésone*, t. II, p. 206-207.
(6) *Antiq. de Vésone*, t. II, p. 203.

Camp *de Marfaux*, commune de Basse. Camp *de Merly*, commune de Vert-de-Biron. Camp *Guilhen*, commune de Faux. Camp *Martic*, commune de Gaulegeac. Camp *Maury*, dit *campus Mauri* en 1324, commune de Saint-Just. Camp *Moulinan*, commune de Carlux. Camp *Réal*, commune de Bergerac. Camp *Réal*, commune de Vic (1).

La dénomination de *Camp-Redon* se retrouve huit fois dans les communes de Berbiguières, Beynac, Carlux, Montfaucon, Orliac, Saint-Cassien, Saint-Chamassy, Saint-Géraud-de-Cors. Dans cette dernière commune, on voit encore les retranchements du *Camp-Redon*, sur un plateau élevé.

Le nom de *Castel*, aussi caractéristique que celui de *Châtelier*, se trouve attribué à des localités des communes de Campagne, Fontenilles, Manaurie et Castel, canton de Saint-Cyprien.

Castel-Giroux, commune de Tayac. *Castel-la-Motte*, commune de Saint-Félix. *Castellas*, commune de Razac-de-Saussignac. *Castel-Malvi*, commune de Monsac. Là se voit un retranchement en forme de motte, produit par une coupure dans un coteau (2).

Castel-Merle, commune de Capdrot. *Castel-Vesi*, commune de Cladech. *Castel-Vieil*, commune de Saint-Pompon. Les *Castellow*, commune de Saint-Félix-de-Villadeix.

Le nom de *Castellot* se reproduit neuf fois dans les communes de Colombier, la Force, Saint-Aubin-de-Lanquais, Beaumont, Monclar, Montagnac-la-Crempse, Saint-Avit-Senieur, Saint-Marcel, Trémolac.

Les *Castels*, commune de Salès-de-Velvez.

Le Camp de *Castel-Sarrazi*, situé à Gandumas, commune de Saint-Médard, sur un escarpement de 25 mètres de hauteur au-dessus de la Loue, comprend une superficie de trois à quatre hectares. Une motte de 16 mètres de diamètre en défend l'entrée. Ses retranchements sont composés de rochers et de pierres vitrifiés dont l'un passe au travers du camp en décrivant un arc de cercle. Des archéologues considèrent cette enceinte comme un oppidum celtique (3). Mais son nom de *Castel-Sarrazi*, que l'on retrouve partout

---

(1) Dict. topogr. de la Dordogne. — (2) Idem. — (3) Idem.
(4) Idem. — Ann. de Vésone.
(3) Bull. de la Soc. archéol. du Périgord, 1882. — Bull. des travaux historiques, 1882, n° 2.

avec la signification constante d'ouvrage des Romains, est bien de nature à en faire douter. La présence des murs vitrifiés ne saurait être invoquée comme un argument décisif, car leur origine celtique est loin d'être démontrée.

Castillon, commune de la Monzie (1).

Chalus, situé sur la limite du Périgord et du Limousin, portait, dès l'an 667, le nom de *Castrum montis Leuci*. Un camp romain a dû évidemment précéder le château du moyen âge (2).

Le *Chastel*, commune de la Bachelerie (3). Le *Chastel*, commune de Plazac. Le *Château*, commune de Firbeix. Le *Château*, commune de Saint-Martin-de-Fressengeas. *Château-Bigou*, commune de Salon. *Château-Boucher*, commune d'Angoisse. *Château-Buisson*, commune de Lempzours. *Château-de-Baste*, commune de Capdrot, dans une bruyère. *Château-de-Pierre*, dans un bois, commune de Pontchat. *Château-des-Pauvres*, commune de Sarlat. *Château-Girard*, commune de Douville. *Château-Manqué*, commune de Saint-Barthélemy, dont les vestiges ont été constatés sur la butte de la Morinie. *Château-Miscier*, canton de Vergt. *Château-Noir* ou la Brousse, commune de Grignol. *Château-Raynaud*, commune de Lempzours. *Château-Rompu*, commune de Gouts. *Château-Rompu*, plateau sur un coteau très élevé et très escarpé, à quatre lieues à l'ouest de Périgueux. Plus tard on y a construit le château de Puy-de-Pont, commune de Dives (4).

Château-Vert, commune de Beleymas (5). *Château-Vieux*, commune du Fleix (6). *Château-Vieux*, commune de la Motte Monravel (7). *Châtelavit*, commune de Mialet (8). *Fort du gal*, commune de Dôme, signalé comme emplacement d'une antique fortification (9).

GUIENNE

Les camps antiques de la Guienne ont été étudiés avec beaucoup de soin par MM. Léo Drouyn et Dompnier de Sauviac. Leurs obser-

(1) *Dict. topogr. de la Dordogne*. — (2) Idem. — (3) Idem.
(4) Idem. — *Antiq. de Vésone*, t. II, p. 208, 209.
(5) *Dict. topogr. de la Dordogne*. — (6) Idem. — (7) Idem. — (8) Idem. — (9) Idem.

vations minutieuses, faites sur les lieux mêmes, fournissent des arguments très favorables à l'origine romaine de ces ouvrages.

C'est là, d'ailleurs, leur conclusion générale.

GIRONDE

Butte dite *de Charlemagne* à Cabara, canton de Brannes, arrondissement de Libourne. C'est un petit camp carré entouré de fossés de 15 à 16 mètres de largeur et de retranchements de 8 mètres de hauteur sur certains points. Il est situé sur un promontoire au bord de la Dordogne et près d'un ravin dit *des Goths*, où la tradition place un souvenir de bataille (1).

La *Tusque*, à Sainte-Eulalie d'Ambarès, canton du Carbonblanc, arrondissement de Bordeaux, parallélogramme de 150 mètres sur 90, protégé par deux ruisseaux. Le vallum a 2 mètres de hauteur et une porte s'ouvre au centre. Une motte circulaire de 27 mètres de diamètre, entourée d'un large fossé, s'élève au milieu de l'enceinte (2).

Château *de Puynormand*, canton de Lussac, arrondissement de Libourne. C'est une enceinte rectangulaire de 90 mètres sur 55, placée sur un tertre, et dont les angles sont arrondis. Elle a doubles fossés et une porte à l'est (3).

Château *de Romefort*, à Avensan, canton de Castelnau, arrondissement de Bordeaux. Enceinte carrée où ont été trouvées des poteries noires et fines de l'époque romaine (4).

La *Motte*, à Savignac (Lot-et-Garonne), près Riocaud, canton de Sainte-Foy, arrondissement de Libourne. Cette motte ovale, de 53 mètres sur 40, est située sur un promontoire. On y a trouvé des monnaies et des poteries romaines (5).

Côte *de Chameyrac*, commune du Puy, canton de Monségur, arrondissement de la Réole. C'est une enceinte carrée, entourée de fossés de 3 à 4 mètres de profondeur, précédée au nord et au sud de deux petites cours entourées de fossés, et défendue au sud, dans l'une des cours, par une motte circulaire. La porte ouvre au nord (6).

---

(1) *La Guienne militaire*, par Léo Drouyn, t. I. — (2) Idem. — (3) Idem. — (4) Idem. — (5) Idem. — (6) Idem.

La *Motte*, à Moulon, canton de Brannes, arrondissement de Libourne. C'est une motte carrée, entourée de fossés de 15 mètres de largeur. Près de là ont été trouvées des tuiles à rebords et une lance romaine (1).

Château du *Rétoret*, à Sallebeuf, canton de Créon, arrondissement de Bordeaux. C'est une enceinte rectangulaire de 32 mètres sur 28, placée sur un promontoire. Les fossés ont de 12 à 16 mètres de largeur et le vallum a 8 mètres de hauteur (2).

Château de *Mandins*, à Sallebeuf, situé à 1500 mètres de celui du Rétoret. C'est une enceinte circulaire de 25 mètres de diamètre avec vallum et fossé (3).

Motte *des Mousses*, à Sallebeuf, circulaire et aujourd'hui presque rasée, où l'on a trouvé des tuiles et des poteries romaines (4).

Le *Château*, à Sallebeuf, situé au nord de Mandins. C'est une enceinte circulaire où l'on a trouvé des tombeaux construits en briques à rebords (5).

La grande Motte *du Maine-du-Four*, à Saint-Aigulin (Charente-Inférieure), située sur un promontoire au confluent de la Dronne et de la Mozenne ; elle est de forme ovale et mesure 37 mètres sur 26. Elle est entourée de vallum et de larges fossés. La petite Motte *du Maine-du-Four* s'élève à 300 mètres de la première (6).

Castillon de Médoc, à Saint-Christoly, canton de Lesparre. C'est un monticule ovale entouré de fossés de 8 à 10 mètres de profondeur, situé sur la rive gauche de la Gironde. Cette fortification a été augmentée et utilisée dans la suite. Mais M. Drouyn pense avec raison qu'elle est d'origine romaine et qu'elle a été faite pour repousser les pirates barbares (7).

La *Mote*, commune d'Aillas, canton d'Auros, arrondissement de Bazas. C'est une enceinte carrée, assise sur un promontoire de la Bassanne, dans laquelle s'élève une motte ovale appuyée sur un des côtés (8).

Le *Poujau de la Chapelle*, à Saint-Médard-en-Jalles, canton de Blanquefort, arrondissement de Bordeaux. Ce camp, placé sur un isthme de 140 mètres sur la Jalle, forme un ensemble carré

---

(1) *La Guienne militaire*, t. I. — (2) Idem. — (3) Idem. — (4) Idem. — (5) Idem. — (6) Idem. — (7) Idem. — (8) Idem.

composé d'une motte ovale de 37 mètres sur 27, d'une enceinte semi-circulaire de 36 mètres sur 30 et d'une basse-cour, indépendantes les unes des autres; mais le tout est entouré d'un large fossé. On y a trouvé des briques et des poteries antiques (1).

Les *Matrusques*, à Sadirac, canton de Créon. Ce sont deux mottes situées sur un promontoire, l'une de 15 mètres sur 40, entourées de fossés. On a trouvé à leurs pieds des couches de cendres, avec ossements d'animaux et poteries romaines (2).

La *Motte-à-Paillet*, commune de Paillet, canton de Cadillac, est une enceinte rectangulaire connue sous le nom presque latin de *Castera* (3).

Château de *Jabastas*, à Izon, canton de Libourne. C'est une enceinte carrée de 70 mètres sur 60, entourée de fossés de 10 mètres, et précédée d'une enceinte carrée plus petite, également munie de fossés (4).

La Motte de *Buch*, à Biganos, canton d'Audenge, arrondissement de Bordeaux. C'est une enceinte rectangulaire arrondie aux angles, située sur la Leyre. Une motte ovale de 10 mètres de hauteur, entourée de fossés, s'élève à l'intérieur (5).

Le *Castera*, à Saint-Germain d'Esteuil, canton de Lesparre, n'a rien conservé de ses anciens retranchements; mais son nom significatif décèle son origine certaine (6).

Camp ou tertre de *Ballet*, à Bellebat, canton de Targon, arrondissement de la Réole. Cet ouvrage est situé dans un bois, sur un point culminant. Sa forme est barlongue et mesure 300 mètres sur 160. Le vallum a 2 mètres de hauteur. Un fossé le partage en deux parties inégales (7).

Les *Casterasses*, à 800 mètres de Cabanac, canton de la Brède, arrondissement de Bordeaux. Cette enceinte est carrée, avec des fossés de 10 mètres de largeur et un vallum. Elle est flanquée de deux mottes circulaires, entourées elles-mêmes de fossés et d'un vallum. L'une, de 10 mètres de hauteur, est placée dans l'intérieur; l'autre, de 4 mètres, forme saillie à l'extérieur. On y a trouvé des poteries grossières (8).

(1) *La Guienne militaire*, t. I. — (2) Idem. — (3) Idem. — (4) Idem. — (5) Idem. — (6) Idem. — (7) Idem. — (8) Idem.

Un groupe de forteresses antiques existe à Ornon, entre Gradignan et Canéjan, canton de Pessac, arrondissement de Bordeaux : 1° le *Castera*, enceinte rectangulaire accompagnée d'une motte de 15 mètres de diamètre; 2° la Motte *Saint-Albe*, à 500 mètres du *Castera*, est également une enceinte carrée de 50 mètres de côté, soutenue d'une motte de 30 mètres de diamètre à la base et de 7 de hauteur, entourée comme l'enceinte par un fossé et un vallum ; 3° la *Chapelle*, enceinte carrée de 40 mètres de côté; 4° la *Motte*, placée à 1 kilomètre, à Canéjan. Elle est de forme carrée avec fossés pleins d'eau (1).

Le *Vieux-Château*, à Sauviac, canton de Bazas, enceinte elliptique munie de doubles fossés et double vallum à l'est. Il y en a même trois au sud (2).

La Motte *de Cussac*, canton de Castelnau-de-Médoc, appelée *lou castet bieil*, quadrilatère entouré d'un fossé de 20 mètres et divisé par un autre fossé en deux parties inégales. Dans la partie la plus petite se trouve une motte (3).

Le *Castera*, à Pessac, enceinte semblable à celle de la Motte de Cussac et où l'on a trouvé des tuiles à rebords (4).

Camp *de l'Moustau-neu*, à Targon, arrondissement de la Réole. C'est un parallélogramme de 300 mètres sur 260, dont les angles sont arrondis. Le vallum a 3 mètres de hauteur et est percé de deux portes. Ce camp est voisin de celui de Ballet (5).

La Motte *de Pontonille*, à Moulon, canton de Branne, arrondissement de Libourne. Il y a là deux mottes, l'une circulaire, l'autre allongée, s'appuyant l'une contre l'autre et protégeant une basse-cour (6).

Le *Castera*, à Pompéjac, canton de Villandraut, arrondissement de Bazas. Il y a là aussi deux mottes enveloppées par un fossé commun (7).

Le *Castera*, au Temple, canton de Castelnau-de-Médoc. On n'y voit plus qu'une motte (8).

La *Motte-Soudane*, à Saint-Antoine-du-Pizou canton de Coutras.

---

(1) *La Guienne militaire*, t. I. — (2) Idem. — (3) Idem. — (4) Idem.
(5) *Mém. de la Soc. arch. de Bordeaux*, 1874, t. I, art. de M. Drouyn.
(6) Idem. — (7) Idem.
(8) *Mém. de la Soc. arch. de Bordeaux*, 1874.

C'est une butte rectangulaire de 33 mètres sur 30, munie de fossés (1).

La *Motte* du moulin de Thomas, à la Gorce, canton de Guitres. C'est une motte circulaire de 4 à 5 mètres de hauteur dans une enceinte rectangulaire, le tout enveloppé de fossés (2).

Talais, canton de Saint-Vivien, arrondissement de Lesparre. C'est une butte rectangulaire de 42 mètres sur 30, flanquée d'une enceinte circulaire. Le retranchement a 1 mètre 50 de hauteur (3).

Castres en Bordelais devait être à l'origine un camp romain. On trouve près de là les vestiges d'une voie romaine, *camin rouman*, dans les communes de la Brède, Saint-Sève et Saint-Michel-de-Riufrayt (4).

LANDES et BÉARN

M. Dompnier de Sauviac (5) a signalé autour de Dax et dans les contrées voisines une grande quantité de camps nommés vulgairement *castra* ou *gouardes* qu'il attribue avec raison à l'administration romaine. Leur configuration n'est pas aussi régulière que dans les autres provinces. Elle affecte la forme du terrain montagneux et tourmenté sur lequel ils sont assis. Voici les principaux :

Le *Pouy d'Eauze*, près de Dax.

Le Camp dit *Castra*, après le Leuy, au sommet de la côte Saint-Panthaléon.

Camps de *Cambran* et de *Maimbaste*, près du pont d'Oro.

Camp dit *Lous castras d'Arles*, au lieu dit la Crouzade.

Camp de *Saint-Girons*, ovale, avec vallum et doubles fossés.

Camp situé sur le tuc de Montargon, en forme de promontoire. Un peu plus bas, s'en trouve un autre à la métairie de *Castra*.

Camp de *Mirepeich*, au nord de Dax. Il est semi-circulaire, et ses talus ont une hauteur variant de 1 mètre 50 à 7 mètres.

Camp semi-circulaire, au cap de la Roque, rive droite de l'Adour ; ses remparts sont très élevés et ses fossés très larges. On y a trouvé des couches de charbon et un fer de lance.

---

(1) *Mém. de la Soc. arch. de Bordeaux.* — (2) Idem. — (3) Idem.
(4) *Antiquités bordelaises*, par Bernadau, 1797, p. 203
(5) *Chroniques de la cité et du diocèse de d'Acqs*, 1874.

Un camp ovale, dont il ne reste plus rien, se trouvait sur un tertre dans la forêt, commune de Saubusse.

Camp de *Candresse*, dit *Castra*, de forme circulaire.

Camp dit *Lous Bire Castets*, à Saint-Pierre de Hinx, sur un promontoire. Il est ovale et mesure 90 mètres de longueur. Son vallum a 5 mètres de hauteur; la porte ouvre à l'est. On l'appelait jadis Camp de *César*.

Camp très important à Pouy-le-Haut, dans Poyartin. On y a trouvé des sépultures romaines.

Trois petits camps existent à Baigts : 1° l'un à *Las costes* (métairie du Pouy), de 44 mètres sur 39 ; 2° l'autre à Moulia ; 3° le troisième derrière l'église de Baigts.

Camp de *Gaujacq*, au confluent des deux Luy.

La *Gouarde d'Amou*, camp ovale sur la rive gauche du Luy de Béarn. Un fossé le divise en deux parties et il est muni de deux portes.

Bonnegarde, sur le même Luy, entouré de grands retranchements sur un mamelon. Un château occupe l'emplacement du *prætorium*.

Castra de Castillon (territoire de Brassempouy), sur le Lay de France. Les fossés ont jusqu'à 12 mètres de profondeur.

Camp de *Pomarez*, vis-à-vis Castelnau, situé sur un plateau. Il est rectangulaire et mesure 168 mètres sur 100. Il a donné naissance à un bourg.

Camp de *Gaas*, dominant Cagnotte, près la métairie de *la Gouarde*. Les remparts et fossés sont reconnaissables.

Camp de *Saint-Etienne*, en partie détruit, était un rectangle de 300 pas sur 200.

Le Camp de *Puyoo*, entamé par le chemin de fer, était ovale et occupait moins d'un hectare. On remarque à 100 mètres de là une enceinte polygonale de murailles romaines nommée *Lou taré de las Mourelles*.

Le Camp de *la Sale* (Habas) a deux hectares. Son vallum est de 10 mètres de hauteur à partir du fond des fossés. Un monticule occupé par une maison nommée la *Sale du Bosc* formait le *prætorium*. La porte ouvre à l'ouest. Ce camp est adossé à un autre nommé *Castra de la Gouarde* dont l'étendue est double.

Le Camp du *Pé-de-Pourquet*, qui domine l'abbaye d'Arthous, a

296 mètres de longueur sur 138 de largeur. Le talus est de 15 mètres de hauteur.

Le Camp *de Moneigt*, au-dessus de la gare de Habas, en face le donjon de Misson, est quadrangulaire. Sa superficie est d'un hectare. Près de la porte, le vallum a 8 mètres de hauteur. On y a trouvé des projectiles de plomb.

Un camp situé près la métairie de *Castra*, non loin d'Aire, est assis sur une butte allongée de 80 mètres de longueur sur 10 de largeur. Le fossé a 10 mètres de largeur.

Camp dit *Tucolle de Mireloup*, elliptique, de 50 mètres sur 40.

Autre camp, dit *Castra*, en face Saint-Jean-de-la-Castelle. Il n'en existe plus de traces.

Castrum Cæsaris, nommé ensuite *Palestrum* ou *Palestra*, était situé à Saint-Sever, sur le cap Morlanne.

Vestiges d'un autre camp, en face de l'église d'Onard, non loin du passage de l'Adour.

Le Camp *de Gamarde*, sur le Louts, nommé jadis Camp *de Crassus*, affecte la forme d'un fer de lance. Il a 320 mètres sur 164. La porte est au nord. Des terrasses et des ravins le défendent. On y a trouvé des briques, des poteries et un fer de pique.

Camp *de Balambits*, derrière Pontoux, défendu par de hauts retranchements. Un autre plus petit, situé à 200 mètres de là, s'appelle *Gouardère*.

Camp *d'Aragnouet*, au-dessus d'Orthez.

Camp *de Castagnet*, à 50 mètres au-dessus du gave d'Oleron, enveloppé complètement de remparts et de fossés et divisé intérieurement par un autre retranchement. L'église du Mue se trouve dans une de ces enceintes.

Camp *de Bezaudun*, sur les hauteurs du Bez, affluent de la Midouze. La première enceinte renferme un *prætorium* adossé au rempart.

Camp *de Beylongue*, plateau ovale défendu par un talus de 8 à 10 mètres de hauteur. La porte est au couchant; on l'appelle *Tuc de las mottes*, et la maison voisine se nomme *les Gouardes*.

Camp *de Lay*, appelé *Lou touroun dous Maures*.

M. Dompnier de Sauviac signale encore beaucoup d'autres enceintes semblables dans l'ancien diocèse de Dax. Mais il nous semble superflu de les énumérer ici.

Si l'on poursuivait ces recherches dans les autres provinces de la France, on découvrirait presqu'à chaque pas quelques-uns de ces antiques ouvrages en terre, tous empreints des mêmes caractères et indiquant la même origine. Sans sortir de la région du Midi, constatons l'existence du camp romain au nord de Castres. De l'aveu de tous les anciens auteurs, il a donné naissance à la ville, comme son nom le révèle d'ailleurs si bien. Ce camp, assis sur le plateau de Saint-Jean, long de 182 mètres sur 30, au-dessus de l'Agout, a été étudié avec soin, dès 1832, par M. Belhomme. Il n'est pas régulier, mais polygonal, et se conforme aux exigences du terrain. Un vallum le protège à l'ouest. Le fossé a 3 mètres 50 de profondeur sur 4 mètres 60 de largeur. Sa superficie est de 3 hectares. M. Belhomme pense qu'il a servi jusqu'à la chute de l'Empire et qu'il était la base de plusieurs points stratégiques destinés à maintenir les peuples. M. Caraven estime à tort, suivant nous, qu'il remonte à César qui y aurait envoyé une légion du temps de l'insurrection de Luctère. Mais M. Belhomme avait remarqué que le camp de Castres n'aurait pu contenir qu'une demi-légion, soit 2,500 hommes (1).

Il y avait d'autres camps dans le pays environnant. L'un se trouve non loin de Castres, à Sémalens, sur le bord d'une voie romaine. On en rencontre encore à Confoulenx, au confluent du Tarn et de l'Agout; à Saint-Pierre de Bracou, sur le Tarn; près Malmort, non loin de Castelnau; à Puybégon; à Péchourci (2).

Près de la ville de Castelsarrazin, dont le nom indique suffisamment qu'elle aussi a pris naissance dans un camp romain, se trouve le Camp *de Gandalou*. C'est une enceinte rectangulaire, arrondie aux angles, mesurant 300 à 320 mètres de longueur sur 186 de largeur et contenant 6 hectares 25 ares. On y a recueilli des médailles consulaires. M. Devals la considère comme un oppidum gaulois occupé plus tard par les Vandales, en 407. M. de Caumont y voit un camp romain transformé pour y établir un château et notamment la motte de terre située à un angle et séparée du camp par un fossé. Mais nous avons vu des mottes semblables avec la même situation dans bien d'autres enceintes d'origine romaine (3).

Le Camp *de Saint-Porquier*, situé au milieu du plateau, entre la Garonne et le Tarn, sur les voies Castraise et Tolosane, est une en-

---

(1) *Le Tarn et ses tombeaux*, par Caraven-Cachin, 1873. — (2) Idem.
(3) *Congrès archéologique de Montauban*.

120 ORIGINE ET DESTINATION DES CAMPS ROMAINS, ETC.

ceinte en forme de trapèze, de 80 mètres sur 67. Le fossé à 10 mètres de largeur. Deux portes ouvrent dans le rempart, de 2 mètres d'épaisseur. Près du rempart du sud-ouest, dans l'intérieur, s'élève une motte de 5 mètres de hauteur, considérée comme étant le *prætorium*. M. Devals estime avec raison que ce camp est romain, mais il l'attribue sans motif à César (1).

D'autres camps ont été signalés au lieu dit *la Motte*, commune de Castera-Bouzet, sur la voie d'Auch à Moissac; à Rouch, commune de Saint-Vincent-Lespinasse; à Espermons (2).

Les nombreux camps du pays Eduen ont été étudiés avec trop de méthode et de soin par M. Bulliot pour qu'il soit utile d'y revenir. Contentons-nous de remarquer qu'il y a constaté, tant au point de vue de leur assiette, de leurs relations entre eux, qu'au point de vue de leurs formes, de leurs dimensions et de leurs dénominations, les mêmes faits signalés dans ceux que nous venons de décrire ou d'énumérer (3).

Les dictionnaires topographiques des départements de l'Aisne et de l'Aube indiquent une grande quantité de lieux portant les noms de Châtelier, Châtelet, Château, Catelet, Camp de César ou simplement Camp, Châtre, Fort, etc. Des retranchements antiques sont signalés dans plusieurs, et des recherches amèneraient certainement la découverte de beaucoup d'autres. Nous en avons compté 73 dans l'Aisne et 22 dans l'Aube (4).

Il serait inutile, pensons-nous, de poursuivre plus loin cette enquête archéologique qui n'aboutirait qu'à multiplier partout des constatations identiques. Les antiquaires peuvent seuls l'entreprendre avec fruit et exactitude dans chacune de leurs provinces. Mais, quelle que soit l'utilité des recherches ultérieures, les faits que nous avons réunis sont largement suffisants pour établir sur des bases sérieuses la thèse que nous avons exposée dans la première partie de cette dissertation.

(1) *Congrès archéologique de Montauban*. — (2) Idem.
(3) *Essai sur le système défensif des Romains dans le pays Éduen*, par Bulliot, 1856.
(4) *Dict. topogr. de l'Aisne*, par Matton. — *Dict. topogr. de l'Aube*, par Boutiot.

Extrait des Mém. de la Soc. des Antiq. de l'Ouest, t. VII (Année 1884).

795. — Poitiers, Imprimerie Georges Gimeot, rue Victor-Hugo.

www.ingramcontent.com/pod-product-compliance
Lightning Source LLC
Chambersburg PA
CBHW070510100426
42743CB00010B/1803